珍藏本
纪念版

汉译世界学术名著丛书

回忆苏格拉底

〔古希腊〕色诺芬 著

吴永泉 译

商务印书馆
SINCE1897 The Commercial Press

2017年·北京

Ξενοφωντοσ

ΑΠΟΜΝΗΜΟΝΕΥΜΑΤΑ

汉译世界学术名著丛书
（120年纪念版·珍藏本）
出 版 说 明

2017年2月11日，商务印书馆迎来120岁的生日。120年前，商务印书馆前贤怀揣文化救国的理想，抱持"昌明教育，开启民智"的使命，立足本土，放眼寰宇，以出版为津梁，沟通中西，为中国、为世界提供最富智慧的思想文化成果。无论世事白云苍狗，潮流左右激荡，甚至战火硝烟弥漫，始终践行学术报国之志，无改初心。

迻译世界各国学术名著，即其一端。早在20世纪初年便出版《原富》《天演论》等影响至今的代表性著作，1950年代后更致力于外国哲学和社会科学经典的译介，及至1980年代，辑为"汉译世界学术名著丛书"，汇涓为流，蔚为大观。丛书自1981年开始出版，历时三十余年，迄今已推出七百种，是我国现代出版史上规模最大、最为重要的学术翻译工程。

丛书所选之书，立场观点不囿于一派，学科领域不限于一门，皆为文明开启以来，各时代、各国家、各民族的思想与文化精粹，代表着人类已经到达过的精神境界。丛书系统译介世界学术经典，引领时代思想，为本土原创学术的发展提供丰富的文化滋养，为推动中国现代学术和现代化进程做出了突出的贡献。

为纪念商务印书馆成立120周年，我们整体推出“汉译世界学术名著丛书”120年纪念版的珍藏本，寄望既利于文化积累，又便于研读查考，同时向长期支持丛书出版的译者、编者和读者致以敬意。

两甲子后的今天，商务印书馆又站在了一个新的历史时间节点上。我们不仅要铭记先辈的身影和足迹，更须让我们的步伐充满新的时代精神。这是商务人代代相传的事业，更是与国家和民族的命运始终紧密相连的事业。我们责无旁贷，必须做好我们这代人的传承与创造，让我们的努力和成果不仅凝聚成民族文化的记忆，还能成为后来人可以接续的事业。唯此，才能不负前贤，无愧来者。

商务印书馆编辑部

2017年10月

目　录

第一卷

第一章

雅典人判处苏格拉底死刑的两个罪状，第 1 节。列举一些论证驳斥第一个罪状：苏格拉底经常向诸神献祭，第 2 节。苏格拉底占卜，他的守护神并非新神，第 2—5 节。他劝人在困难中求告神，第 6—9 节。他没有犯不虔敬的罪，他回避对神进行虚妄的推论，并说哲学的任务是研究德行，第 10—17 节。他的一生符合于道德准则，第 18—20 节。

我常常感到奇怪的是，那些控诉苏格拉底的检察官们[①]究 1
竟[②]用了一些什么论证说服了雅典人，使他们认为，他应该由城邦判处死刑。他们对他的起诉书的大意是这样的：苏格拉底的违犯律法在于他不尊敬城邦所尊敬的诸神而且还引进了新的神；他的违法还在于他败坏了青年。

---

① 在柏拉图的《申辩篇》里提到了检察官的名字：米利托斯，一个拙劣的悲剧和歌曲作者；安奴托斯，一个硝皮匠或制革匠；吕康，一个演说家。——译者

② 原文 τίσι ποτὲ 含有"究竟"、"到底"之意，一般英译本多未将此意表出。——译者

2 首先，说他不尊敬城邦所尊敬的诸神，他们提出了什么论据
来呢？他常常在家中献祭，也常常在城邦的公共祭坛上献祭，这
是人们有目共睹的；他从事占卜，这也不是人们不知道的；因为，
"苏格拉底经常说神明指教了他"，这句话已经成为人们常说的
3 口头禅了；其实，他们指控他引进新神，主要正是由于这种情况
推想出来的。然而他并没有比那些从事占卜，求教于征候、声
音、异兆和祭祀的人们引进过什么更新的神；这些人并不认为异
鸟或那些遇到它们的人们，会知道哪些事对于追求预兆的人有
利，而是认为，神明借它们为媒介，把那些预示吉凶的事显示出
4 来；苏格拉底所怀抱的见解也就是这样。大多数人表面上都说，
他们之所以避开或趋向某一件事情，是由于受到了异鸟或遇到
它们的人们的启示，但苏格拉底则照着心中的思想说话，因为他
说，神明是他的劝告者。他还时常劝告他的许多朋友做某些事
情而不做另一些事情，并且暗示这是神明预先警告他的；那些遵
照他的指点去做的人都得到了好处，而不理睬他的指示的人都
后悔了。

5 谁能不承认苏格拉底不愿在他的朋友面前显得是个愚人或自夸者呢？但是，如果在他说自己是受到了神的指示之后，却被证明是个说谎者，他就会显得既是愚人又是自夸者了。所以，很显然，如果他不相信自己的话会被证实，他就不会预先说出来了。但是，在这一类事上，除了信赖神以外，谁还会信赖任何人呢？一个信赖神的人，怎么还会以为没有神呢？

6 他对待他的朋友，也是按照自己的信念行事，因为他总是照着他所认为最好的办法，劝他们做那些必需而富有成效的事情；至于

那些结果如何尚难确定的事，他就打发他们去占卜，以决定行止。
他说，凡想把家庭或城邦治理好的人都需要占卜；至于想要熟练于 7
建筑、金工、农艺或人事管理工作，或想在这一类艺术方面成为一
个评鉴家，或者做一个精于推理，善于持家的人，或者想要做一个
有本领的将领，所有这一类事情，他认为完全属于学习问题，是可
以由人的智力来掌握的。但他说，关于这一类事情的最重要的关 8
键，神明都为自己保留着，它们都是人所看不出来的；因为很显然，
既不是所有把田地耕作得很好的人都一定收获其果实，也不是所
有把房屋盖得很好的人都一定住在其中；善于将兵的人当起将领
来未必就对他本人有利；有政治才能的人当国家的领袖，对他本人
来说也不见得就好；娶美貌的妻子、想因她获得幸福的人未必不因
她受祸；借裙带关系[①]攀附权贵的人不一定不反而因之遭受流放。 9
他把那些认为这些事并不随神意而转移，而是一切都凭人的智力
决定的人称为疯子，正如他把那些对于神明已经准许人运用他们
的才能可以发现的事情还要求助于占兆的人称为疯子一样；例如，
一个人求问：是用一个知道怎样赶车的人做车夫好呢，还是用一个
不知道怎样赶车的人做车夫好呢？用一个知道怎样驶船的人去管
船好呢，还是用一个不知道怎样驶船的人去管船好呢？又如，对
于那些可以通过计算、测量、权衡弄清楚的事还要去求问神，也
是如此。苏格拉底认为，凡对于这一类事还要求问神的人就是
犯了不敬虔的罪。他说，人的本分就是去学习神明已经使他通

① κηδεστής，裙带关系，希腊原文的这一意义，在所见到的英、德文译本中，似乎都未表达出来。——译者

过学习可以学会的事情，同时试图通过占兆的方法求神明指示
他那些向人隐晦的事情，因为凡神明所宠眷的人，他总是会把事
情向他们指明的。

10 苏格拉底常出现在公共场所。他在早晨总往那里去散步并进
行体育锻炼；当市场上人多起来的时候，总可以看到他在那里；在
别的时候，凡是有人多的地方，多半他也会在那里；他常作演讲，凡
11 喜欢的人都可自由地听他。但从来没有人看见过苏格拉底做什么
不敬虔的事，或者说什么亵渎神明的话；因为他并不像其他大多数
哲学家那样，辩论事物的本性，推想智者们所称的宇宙是怎样产生
的，天上所有的物体是通过什么必然规律而形成的。相反，他总是
12 力图证明那些宁愿思考这类题目的人是愚妄的。首先，他常问他
们，是不是因为他们以为自己对于人类事务已经知道得足够了，因
而就进一步研究这一类的题目，还是因为尽管他们完全忽略了人
类事务而研究天上的事情，他们还以为自己做得很合适。更令他
13 感到惊异的是，他们竟不能看出，对于人类来说，不可能使自己满
足于这一类事情，因为即使那些以研究这些事为夸耀的人，他们彼
此的意见也互不一致，而是彼此如疯如狂地互相争执着。因为对
14 于疯狂的人来说，有的是对于应当惧怕的事毫不惧怕，另一些则是
惧怕那些不应当惧怕的事情；有的在人面前无论做什么说什么都
不觉羞耻，另一些则以为自己完全不应当到人群中来；有的对于庙
宇、祭坛或任何奉献给神的东西都毫不尊重，另一些则敬拜石头、
木头和野兽；因此，在那些考虑宇宙的本性的人中，有的人就以为
一切的存在就是一，而另一些人则以为有无数的世界；有的人以为
万物是在永远运动着，另一些人则以为没有一样东西是动的；有的

以为万物是在发生着并腐朽着，另一些则以为没有什么东西是在发生或腐朽。

关于这一类的哲学家，他还会问，是不是像那些学会了人们所 15
运用的技艺的人们那样，他们希望为了他们自己，或是为了他们所
愿意的人们而把他们所学会的技艺付诸实践，同样，那些研究天上
事物的人，当他们发现万物是凭着什么规律实现的以后，也希望能
够制造出风、雨、不同的节令以及他们自己可能想望的任何东西
来，还是他们并没有这类的希望，而是仅以知道这一类事物是怎样
发生的为满足呢？这就是他对于那些从事这一类研究的人所作的 16
评论；至于说到他本人，他时常就一些关于人类的问题作一些辩
论，考究什么事是敬虔的，什么事是不敬虔的；什么是适当的，什么
是不适当的；什么是正义的，什么是非正义的；什么是精神健全的，
什么是精神不健全的；什么是坚忍，什么是懦怯；什么是国家，什么
是政治家的风度；什么是统治人民的政府，以及善于统治人民的人
应当具有什么品格；还有一些别的问题，他认为凡精通这些问题的
人就是有价值配受尊重的人，至于那些不懂这些问题的人，可以正
当地把他们看为并不比奴隶强多少。

因此，关于苏格拉底没有表示过意见的那些问题，法官们对 17
他作了错误的判断是毫不足怪的，奇怪的是，他们竟没有考虑一
下那些人所共知的事情。当他还是议会的一个成员的时候，他 18
作为议员，曾经宣誓就职，在誓词里表示，**他将依法进行表决**。
当民众要求他只一次违法表决，处死塞拉苏洛斯、艾拉西尼底斯和

他们的同事[①]的时候，他正是人民大会的主席，尽管群众向他发
怒，许多有权势的人发言恫吓他，要他付诸表决，他还是拒绝了，他
19 认为遵守誓词比违反正义以满足群众的要求，或在威胁之下委曲
求全更为重要。因他以为神明看待人并不像有些人所想象的那
样，他们以为神明知道一些事，却不知道另一些事；而他却认为神
明知道一切的事，无论是说的、做的，或在静默中所想念的。神明
是无所不在的，并且把一切有关于人的事向人指明。

20 因此，我很奇怪，雅典人怎么会认为，苏格拉底关于神的见解是不健全的。他从来没有说过或做过对神不敬虔的事，他关于神明所说和所做的事都是这样一些事情，如果有任何别的人同样地说和做的话，他们就会被认为，而且的确曾经被认为是非常虔敬的。

第二章

答复对于苏格拉底的其他指控。他并没有败坏青年，因为他的全部教训都是劝戒他们不要犯罪并勉励他们培养自制和各种德行，第 1—8 节。他劝勉他们遵守法律，第 9—11 节。如果克里提阿斯

① 公元前 406 年，雅典海军在战胜斯巴达人以后，海军将领决定以主力舰艇追击敌人，另留一部分官员及士兵负责救护受伤舰艇上的海员并掩埋阵亡将士的尸体，但因当时海上兴起了大风暴，这在雅典人眼中看来非常神圣的救护伤残和安慰英灵的工作未能完成。事后雅典人民对负责将领以失责罪起诉。当时所有其他议员都一致表决将十个将领处以死刑，只有苏格拉底一人因此种起诉不合法而提出了抗议，坚决投了反对票。这里只提到塞拉苏洛斯和艾拉西尼底斯两人的名字作为代表。被判刑的虽有十人，但因有一人不在场，一人已死，另有两人逃亡，实际被处决者只六人。——译者

和阿尔克比阿底斯听了他的教训之后变坏了，其咎并不在于他，第11—28节。在他们离开他之前，他曾力图挽救他们，其他一些完全听从他的教导的人，都成了高尚有德之人，第28—48节。驳斥另一些琐碎的指控，第49—60节。他的仁爱、无私和一般优点，第61—64节。

我所认为奇怪的另一件事是任何人竟能相信苏格拉底败坏了 1
青年。除了我们在上面关于他所说的以外，苏格拉底不仅是一个最能严格控制他的激情和嗜欲的人，而且也是一个最能经得起冷、热和各种艰苦劳动的人；此外，他还是一个非常惯于勤俭生活的人，尽管他所有的很微薄，但他却很容易地使它应付裕如。他本人
既然具有这样高尚的品格，他怎么倒会使别人成为不敬虔、不法、 2
奢侈、不能自制，或过于柔弱、经不起辛劳呢？正好相反，他制止了许多人的犯罪行为，引导他们热爱德行，给予他们希望，如果他们
谨慎为人，他们就会成为光荣可敬的人。当然，他并没有宣称自己 3
是这样的一位教师，但由于他显示了他自己就是这样的人，这就使那些和他交游的人[①]可以满怀希望，相信自己如果仿效他那样为人，也可以成为像他那样的人。

他从来不忽视身体健康，也没有称道过那些忽视身体健康的 4
人。他不赞成人吃得过饱之后，又去从事无节制的劳动，但他建议人们借适度的劳动，把欢畅地吃下去的饮食尽量消化掉；他说，这样的习惯是有利于健康的，而同时，对于照顾心灵，也没有妨碍。他在衣服、鞋物或其他生活习惯方面，既不考究华丽，也不以外表

① 原文 συνδιατρίβοντας，指苏格拉底的门人。——译者

5 为夸耀。然而，他并没有使那些和他在一起的人[①]变成贪爱钱财
的人，因为不管是在这方面，或在其他欲望方面，他都要他们有节
6 制[②]；对于那些渴望听他讲学的人，他自己也没有索取过金钱的报
酬。他认为，不取报酬的人是考虑到自己的自由，而称那些为讲学
而索取报酬的人是迫使自己做奴隶，因为他们不得不和那些给予
7 他报酬的人进行讨论。他还感到惊异的是：任何自称为教导德行
的人竟会索取金钱为报酬，而不认为获得一个朋友这件事本身就
已经是最大的利益，反倒深怕那些由于他们的帮助而成为光荣可
敬的人们，不会对于他们的最大的恩人怀抱由衷的感激。的确，苏
8 格拉底并没有对任何人这样明白表示过，但他深信，凡和他交游而
又接受了他的意见的人们，必然会成为他自己和别人的好朋友。
具有这样高尚品格的人怎么会败坏青年，难道培养德行本身就是
败坏不成？

9 指控他的人说："但是，我敢指丢斯起誓，他的的确确使得那些
和他交往的人们轻视现行的律法，因为他说，'用豆子拈阄的办法
来选举国家的领导人是非常愚蠢的，没有人愿意用豆子拈阄的办
法来雇用一个舵手、或建筑师、或奏笛子的人、或任何其他行业的
人，而在这些事上如果做错了的话，其危害是要比在管理国务方面
发生错误轻得多的'"；他们说，"这一类言论激起了青年人对于现
10 有的政府形式的不满，并使他们趋向于采取暴力行为。"但我以为
凡运用理智，并希望能够为了同胞们的利益而对他们进行指导的

① 原文 συνόντας，也是指苏格拉底的门人而言，在本书中有时也直接译为"门人"。——译者

② 原文ἔπαυε，本义为制止，停止。——译者

青年，是绝不会凭借暴力行事的，因为他们知道，仇恨和危险常伴
随暴力，而利用善意说服的办法，就可以不冒危险取得同样的效
果。凡被我们强迫的人，会像我们强夺了他们东西似的那样仇恨
我们，而凡被我们说服的人，会像从我们受了什么恩惠似地那样爱
戴我们。因此，凡有运用理智的修养的人是不会使用暴力的，因为
只有那些具有蛮力而缺乏理智修养的人才会采取这样的行径。此 11
外，凡敢于使用暴力的人，一定需要不少的党羽，但那些能够以说
服取胜的人就不需要这些，因为即使单剩下他一个人，他仍然会有
说服的能力；这样的人是绝不会流血的，因为既然能够利用说服的
办法使人活活地顺从，谁还会要把人置于死地呢？

指控者说："但是，克里提阿斯和阿尔克比阿底斯在和苏格拉 12
底交游之后，使国家蒙受了大量的祸害；克里提阿斯是组成寡头政
治的成员中最贪婪和最强暴的人，而阿尔克比阿底斯则是民主政
治中最放纵、最傲慢、最强横的人。"关于这两人对于国家所造成的 13
祸害我并不要为他们辩解；我只要述说一下他们和苏格拉底亲近
的经过。这两个人生来就是所有雅典人中最野心勃勃的人，总是 14
希望一切事按照他们的办法进行，使他们自己成为一切人当中最
有名望的人。但是他们知道，苏格拉底是一个能以微薄的收入而
生活得最满意的人，他对各种享乐都能下最克制的工夫，他能随心
所欲地用他的论证对待一切和他交谈的人。情况既然如此，而他
们又是我在上面所述的那样的人，谁又能够肯定，他们和苏格拉底 15
交游的动机，是为了想要度苏格拉底那样的生活并实践像他那样
的节制，而不是出于这样的愿望，即如果他们和他交游，他们将会
成为精于言谈和行动的人物呢？其实，我自己的意见是，如果神明 16

让他们在一辈子度苏格拉底那样的生活或死亡之间作一抉择的
话，他们是会宁愿选择死亡也不愿度苏格拉底那样生活的。因为
当他们一认为自己高过他们的同伴的时候，他们就立刻离开苏格
拉底，从事政治生活，实现他们和苏格拉底结交的目的。

17 也许在这里有人会说，苏格拉底在教授他的门人政治以前，应
当先教他们自制。对于这一说法我目前暂不作答复，但据我看，所
有的教师都是以他们自己实践他们的训言的程度来做他们的学生
18 的榜样，并通过告诫来激励他们的。我知道苏格拉底是以自己的
光荣的人格和高尚的品质做那些与他交游之人的榜样的，他还就
德行和与人类有关的其他题目进行了可钦可佩的演讲。我也知
道，这些人在和苏格拉底交游期间都是实行自制的，并不是因为他
们害怕受他的处罚或责打，而是由于他们当时深信，这种行为是最
好的行为。

19 也许有许多自称为热爱知识的人[①]会说，一个人一度是公正
的以后，不可能再变成不公正的；或者一度是谨慎的人以后，不可
能再度变成不谨慎的；任何人在受了教育获得知识以后，不可能再
变成无知的。但对于这一类的事我的意见并非如此；照我看，凡不
锻炼身体的人，就不能执行身体所应执行的任务，同样，凡不锻炼
心灵的人，也不可能执行心灵所应执行的任务，这样的人既不能做
20 他们所应当做的，也不能抑制住自己不做他们所不应当做的。正
因如此，尽管做儿子的具有善良的品质，做父亲的还是制止他们与

① J. S. Watson 在他的英译本里译为“哲学家”，但按原文这里并不是一个名词，而是一个不定式动词，因此我以为译成“热爱知识的人”似与原意比较贴合。——译者

坏人交往，因为他们深信，与善人交往是对于德行的一种操练，但与坏人交往却会败坏德行。一位诗人也对这一真理作了见证，他说：

> 跟好人在一起你会学会好的事情；但如与坏人厮混，你就要丧失你的辨识力①。

另一位诗人还说：

> 一个好人在一个时候是好而在另一个时候却是坏的。

我也同意他们的看法；因为照我看来，正如人们不反复背诵就 21
会把韵文忘掉一样，玩忽训言的人也会把他们所受的教训忘却。当一个人忘掉道德的训诫的时候，他也就会忘掉心灵在追求德行时候的感受；而当他忘掉了这一点的时候，他忽略自制也就不足为
奇了。我还看到，那些耽于饮酒和陷溺于爱情中的人们，对于照料 22
自己所应当做的事和约束自己不做那些不当做的事就都不如从前了；有许多人在他们陷身爱情中以前在开支方面很节俭，在他们陷溺爱情中以后就不能继续这样了；当他们耗尽了他们的资财的时候，对于那些他们从前由于认为不光彩因而不屑做的谋求财利的
方法就再也不能约束自己不去做了。因此，一个人一度能够自制， 23
以后可以丧失这种自制力，一度能够行正义，以后可以变得不能行正义，怎么会是不可能的呢？依我看来，每一件光荣和善良的事情都是靠操练而维持的，自制也并不例外；因为和人的灵魂一齐栽植在身体里的欲念，经常在刺激它，要它放弃自制，以便尽早地在身

① 这是一首哀歌中的对句，引自鼎盛期约公元前530年的梅格拉格言诗人赛阿格尼斯的著作。——译者

体里满足欲念的要求。

24 当克里提阿斯和阿尔克比阿底斯同苏格拉底交游的时候，借
助于苏格拉底的榜样，他们是能够控制住自己的不道德的倾向的；
但当他们离开了苏格拉底，克里提阿斯逃到赛塔利阿，在那里和一
些不行正义而一味欺诈的人结交；阿尔克比阿底斯也由于他的美
貌，受到许多妇女的追求，甚至是一些门第高贵的妇女们的追求，
又因他在城邦和同盟国中有势力，还受到许多善于谄媚的人的勾
引和败坏，再加上人民都尊敬他，使他很容易在众人中取得优越的
地位，正如体育运动中那些摔跤的人，由于感到自己比别人相当强
25 就疏忽了锻炼一样，同样，他也忽略了自制。他们既然这样幸运，
又有高贵的出身可引以自豪，财富使他们洋洋得意，权力使他们不
可一世，许多不好的朋友败坏了他们的德行，这一切都使他们在道
德上破产，加以长时期不和苏格拉底在一起，他们变得倔强任性又
26 有什么可怪呢？如果他们做了错事，难道指控者就应该责怪苏格
拉底吗？当他们年轻、非常轻率而不受约束的时候，苏格拉底使他
们变得谨慎起来，这对指控者来说，难道苏格拉底就丝毫也不值得
27 称道吗？然而人们对于别样事情并不是这样判断的；有哪一个奏
笛者，或竖琴教师，或其他老师，教出了有本领的学生以后，这些学
生又转而跟其他老师学习，以致在技巧方面变得不那么熟练，会因
为这种退化而受到责备呢？有哪一个父亲，会因为他的儿子在和
一个人交往而变成有德之人以后，又因跟另一个人交往而变成不
道德的人，反而责怪这两个人中的第一个人呢？难道他不是因为
儿子和第二个交往变坏了，反而更加称道第一个人吗？即使做父
母的本身，如果他们自己品行端正，他们的儿子和他们在一起的时

候做了什么坏事，他们也不会因此而受责备。以同样的态度来判 28
断苏格拉底才是正确的；如果他自己做了什么不道德的事，把他认
为坏人就是正当的；但如果他一贯遵行道德，他又怎么能因别人的
罪行而合理地负咎呢？

或者虽然他自己没有做坏事，但当他看到别人做坏事的时候 29
他称道了他们，谴责他也就是正当的了。但当苏格拉底知道了克
里提阿斯迷恋尤苏戴莫斯，像那些为了淫荡目的而摧残别人人身
的人一样，为了贪图享受而追求和他在一起的时候，苏格拉底劝戒
他不可这样存心，他向他所钟爱的人哀哀乞怜（他还指望受到这个
人的崇敬），像一个乞丐那样恳切哀求他的恩允，尤其是这样的恩
允并不是为一个正当的目的，这种行径是粗鄙的，是和一个有光荣
和正义感的人不相称的。但由于克里提阿斯不理睬这样的忠告，
也不肯转离他追求的目标，据说苏格拉底曾经当着尤苏戴莫斯和 30
许多别的人的面说了这样的话：在他看来，克里提阿斯的心情就和
一只猪的心情一样，他想和尤苏戴莫斯磨擦就像一只猪对着石头
磨擦一样，因此，克里提阿斯对苏格拉底非常怀恨，当他成了三十 31
僭主之一，和哈利克里斯一道被指定为立法者的时候，他回想起这
桩不愉快的事情，就在他的律法里加入了“不许任何人讲授讲演
术”[①]一条，想对苏格拉底加以侮辱，但他并不知道怎样可以特别
加害于苏格拉底，只是把群众指责一般哲学家的话归在苏格拉底

① 原文 λόγων τέχνην，J. S. Watson 译作 the art of disputation，Sarah Fielding 译作 philosophy，按 λόγος 一字，意义很广，并不专指辩论或哲学，似以译为“讲演术”比较恰当。克里提阿斯把这条律法的范围定得很宽，可以把苏格拉底的任何讲话都包括在内。——译者

的身上，借以在人民面前毁谤他；至少这是我个人的看法，因为我
并没有亲自听到苏格拉底说过这样的话，也不记得听过别人说听
32 他说过这样的话。但事实证明了确实是这个情况：因为当三十僭
主杀害了城中的许多人（他们都不是下等人），并怂恿许多人干坏
事的时候，苏格拉底曾说过大致这样的话：他所感到惊异的是，当
一个负责牧养牲畜的人，他所牧养的牲畜越来越少，情况越来越坏
的时候，这个人毫不承认自己是个坏的牧者；更令他惊异的是，一
个人做了一城邦的首长，弄得人民越来越少，而且情况越来越坏，
33 这个人毫不自觉羞愧，认识到自己是一个坏的首长。这一段话被
传到三十僭主那里，克里提阿斯和哈利克里斯就把苏格拉底召到
他们跟前，把律法指给他看，禁止他和青年人讲论。苏格拉底问他
们是不是可以就他对禁令所不明白的事向他们质问。他们准许了
34 他。他说，“既然如此，我是准备遵守律法的，但为了不使我由于无
知，无意中触犯律法起见，我希望能够清楚地知道，你们禁止讲演
术是因为你们认为它是被用来帮助人说正确的话的呢，还是你们
认为它是被用来帮助人说不正确的话的呢？因为如果它是用来帮
助人说正确话的，那就显而易见我们就必须不说正确话了；如果它
是用来帮助人说不正确话的，显而易见我们就应该努力说正确的
话。”

35 哈利克里斯向他大发雷霆说道：“苏格拉底，你既然是无知，我们就把一条容易懂的命令明白地告诉你，**完全不许你和青年人谈论**。”

苏格拉底说道：“既然这样，为了对我是否遵守律法不致有任何疑问起见，就请你们给我规定一下，一个人到多大年纪就可以算

一个青年人吧!"

哈利克里斯回答道:"只要他们还不能充当议员,只要他们还未到解事年龄,只要他们还不到三十岁,你就不可和他们谈论。"

苏格拉底说,"如果我想买一件东西,一个不到三十岁的人在 36
卖这件东西,难道我不可以问他卖什么价钱吗?"

哈利克里斯回答说,"这些问题可以问,但你常问的许多问题是你明明知道事情是怎样的;因此,这样的问题是不许问的。"

苏格拉底说,"如果有一个青年人问我这样一些问题,例如,'哈利克里斯住在哪儿',或者,'克里提阿斯在哪儿',倘若我知道的话,难道我也不可以回答他吗?"

哈利克里斯说,"你可以回答这一类的问题。""但是,"克里提
阿斯补充道,"你一定不可以讲论那些鞋匠、木匠、铁匠什么的,说 37
实在的,因为你常常讲论他们,他们现在已经被你说烂了。"

苏格拉底说,"这样,我就不可以从这些人身上吸取教训了,这就是说,不可从他们身上吸取关于正义、敬虔等教训了。"

"是的,我指丢斯起誓,"哈利克里斯反驳道,"你也不可以从牧者身上吸取教训;否则的话,你得小心你自己也会使牲畜变得少起
来。"从这里可以清楚地看出来,他们对苏格拉底生气是因为他所 38
讲关于牲畜的那些话已经传到他们耳中。

克里提阿斯怎样对待苏格拉底,他们彼此间的态度如何,都已 39
经讲过了。但我现在要指出的是:任何一个人,如果他不喜欢他的教师的话,就不可能从他受到真正的教育。克里提阿斯和阿尔克比阿底斯跟苏格拉底交游,在他们的交游期间,他们并不喜欢他们的教师,而是从一开始起,他们就渴想在城邦里居领导地位;因为,

当他们还伴随着苏格拉底的时候，他们就非常欢喜和那些管理政治
40 事务的人们交谈，据说，阿尔克比阿底斯在二十岁以前，就曾和他的
监护人兼国家元首白里克里斯①就律法问题作如下的谈话。

41 他说，“请问，白里克里斯，你能指教我什么叫做律法吗？”

“当然，”白里克里斯回答。

阿尔克比阿底斯说道，“那么，奉众神的名，请你指教我吧！我
听有人因遵循律法而受到赞扬，但我以为若是一个人不知道什么
42 是律法，他就不可能公正地受到这样的赞扬。”

“你要知道律法是什么，并不是一件很难的事，”白里克里斯回答说，“凡是人民集会通过而制定的章程都是律法，它们指导我们什么是应该做的和什么是不应该做的。”

“它们指导我们应当做好事呢，还是应当做坏事呢？”

43 “我对丢斯起誓，当然是好事，我的孩子，”他说，“绝不是坏事。”

“如果聚集在一起制定我们应该做什么的并不是全体人民，而是少数人，例如一个寡头政治，这样的条例是什么呢？”

“国家的最高权力为决定人民应当做的事而制定的一切条例都是律法，”白里克里斯回答。

“如果一个掌握国家政权的僭主，规定了人民所应该做的事，这样的规定是不是律法呢？”

“无论一个掌权的僭主所规定的是什么，”白里克里斯回答道，“他所规定的也叫做律法。”

① 白里克里斯（公元前495？—前429），雅典政治家和将军。——译者

阿尔克比阿底斯问道，“那么，白里克里斯，什么是暴力和不法 44
呢？当强者不是用说服的方法而是用强迫的方法威胁弱者去做他
所喜欢的事的时候，这岂不就是暴力和不法吗？”

白里克里斯回答道，“我看是这样。”

“那么，一个僭主未经取得人民的同意就制定条例强迫人民去做，这是不是就是不法的行为呢？”

“是的，”白里克里斯说，“我看是这样，现在我把我所说的僭主
未经过说服给人民制定的条例就是律法那句话收回。” 45

“但是，少数人未经取得多数人的同意，而凭借他们的优越权力所制定的条例，这是暴力呢，还是不是暴力？”

白里克里斯说，“照我看来，一个人未经另一个人的同意而强制他去做的任何事情，不管他是否用明文制定出来，都是暴力而不是律法。”

“那么，当全体人民比富有阶级强大的时候，他们未经富有阶级的同意而制定的条例，也都是暴力而不是律法？”

“的确是这样，阿尔克比阿底斯，”白里克里斯说，“当我像你这 46
样大年纪的时候，对于这一类的讨论也很擅长，因为我们像你现在
一样，也研究并讨论这一类问题。”阿尔克比阿底斯说道，“白里克
里斯，要是我能够在你擅长这些问题的时候和你讨论该是多么好
啊！” 47

所以，当阿尔克比阿底斯和克里提阿斯认为他们自己比那些在国家里执政掌权的人还强的时候，他们立即不再到苏格拉底那里去（因为在其他方面他也不如他们的意，如果他们到他那里去，他们常因为他们的过失受到苏格拉底的责备而感到恼火），却去从

事政治生活，因为原先他们和苏格拉底交游正是为了这个目的。
48 但克里同①也是个听苏格拉底讲学的人，其他还有哈赖丰、哈赖克
拉泰斯、海尔莫盖尼斯、西米阿斯、开贝斯和费东达斯等人，他们听
苏格拉底讲学并不是为了做雄辩家或律师，而是为了做光荣可尊
敬的好人，能够对他们的家庭、亲属、仆从、朋友以及他们的国家与
同胞行事端正、无可指责。这些人中没有一个，无论是在青年时期
49 或较老时期，做过坏事或受过人们的指责。指控者说，“但是苏格
拉底至少教导儿童轻视他们的父亲，使他的从者们相信，他们比自
己的父母更聪明，他说，按照律法，只要儿子能证明父亲患有疯癫
病，就可以把父亲拘禁起来，他利用这种情况来论证一个比较无知
的人受一个比较聪明的人拘禁是合法的。”但苏格拉底所说的是，
50 在他看来，为了无知而把别人拘禁起来的人，也可以很正当地被那
些知道他所不知道的人拘禁起来，关于这一类事情，他常考虑无知
与疯癫有什么不同；在他看来，把患疯癫的人拘禁起来，对他们自
己和他们的朋友都有好处，但那些不知道应当知道的事情的人就
应当好好地跟那些知道的人学习。

51 指控者接着又说，“但苏格拉底不仅使他的门人轻视他们的父
母，同时他也使他们轻看别的亲属，说亲属关系对于那些有病的人
或进行诉讼的人并没有益处，倒是医生对于前者有帮助而律师对
52 于后者有帮助。”指控者还断言，苏格拉底关于朋友说过这样的话，
除非朋友们能相互帮助，否则他们的友谊是没有益处的；他还主

① 克里同，雅典富翁，据说他因羡慕苏格拉底的才智，离开了自己的铺子而受教于他的门下，后来成了苏格拉底的一个忠实的门人。——译者

张，只有那些知道什么事对别人有好处而且能够使人们理解这一
点的人才配受尊敬；这样，他就使青年人相信他自己是人类中最聪
明的人，并且也是最能使别人聪明的人，他使他的门人对他具有这
样的心情：别的人和苏格拉底本人比较起来，他们看来都是没有价
值的。的确，我知道，关于父母、别的亲属和朋友，他曾经这样谈论 53
过；此外，他还常说，当灵魂（才智只存在于灵魂中）离开人的身体
的时候，人们就把他们最亲爱的亲人的身体送去殡葬，使它尽快地
离开自己眼前。他还常说，每一个人，当他活着的时候，总是亲自 54
把他所最爱的身体里的无用的和无益的东西去掉，也让别人把它
们去掉；人们总是亲自把身上的指甲、毛发和茧皮去掉，并且忍受
辛苦和疼痛让外科医生把它们割下焚毁，人们还自以为有义务付
给他们手术费；他又说，人总是把口中的唾液向尽可能远的地方吐
去，因为当唾液留在口中的时候对他们并没有用处，倒很可能对他
们有害处。但苏格拉底说这些话，并不是要他的门人把自己的父
亲活活地埋葬掉，或者把自己的身体分成碎块，而是要向他们证 55
明，凡是无意识的东西就是无价值的，他劝勉各人要努力尽可能地
使自己成为聪明有用的人，无论他所希望的是否受到父亲兄弟或
别人的器重，他总不可因信赖亲属而忽略培养自己，而是应当努力
使自己对于那些他所希望器重的人有所裨益。

指控者还说，苏格拉底挑选了著名诗人的最坏的诗句，用它们 56
作为证据，来教导他的门人做无赖汉和暴君，例如，赫西阿德斯[①]

① 赫西阿德斯，又译赫西阿德，是希腊著名诗人，与荷马同时（一说在荷马以后约100年），其作品有《工作和日子》、《神统记》等流传于世。——译者

的诗句：

“做工不是耻辱，闲懒才是耻辱。”①

他们说他把这句诗解释成仿佛诗人是在劝导人们无论什么样的事都可以做，不正义也没关系，不光彩也没关系，只要有利可图就行。
57 虽然苏格拉底完全同意，做一个忙碌的工人对人来说，是一件有益处的好事，闲着什么事不做，对人来说，乃是一桩有毒害的坏事——的确，做工就是善，闲懒就是恶——；但他同时也说过，只有那些做好事情的人才是真正地在工作，才是真正有用处的工人。他把那些从事赌博或做坏的、有害的事的人称做闲懒的人；按这种意义来说，诗人的诗句就无可非议了：

“做工不是耻辱，闲懒才是耻辱。”

58 指控者还说，荷马的一节诗也常被苏格拉底引用，这节诗讲到俄底修斯怎样在

“遇到一个王爷或知名人物的时候，他就彬彬有礼地走到他跟前，站在旁边，劝阻他道：‘先生②，对您像对懦夫那样用威吓的口气是不妥当的。请您自己先坐下来，然后再让别的老百姓也坐下来吧。’……但在另一方面，当他见到一个普通人在吵嚷的时候，他就用杖打他并大声申斥他说，‘你这个家伙，安安静静地坐下来，听听别人的劝告吧，他们比你强多了，不像你这个懦夫和弱者，无论是在战场作战，或是出谋献策，

① 载《工作和日子》，第一卷，第311句。——译者

② 这里的“先生”和下文的“家伙”原文都是用的“δαιμόνι”一个词，是一古雅典人谈话中常用的一个词，随着说话者的心音和说话时的腔调，有时有尊敬之意，有时有轻蔑之意。——译者

都不中用。'"①

指控者说，苏格拉底经常把这节诗解释成好像诗人的意思是
赞成责打普通人民和劳动者。但苏格拉底并没有说过这样的话， 59
因为如果那样，那他就是表示他自己应该挨打了。但他所说的乃是那些既不能以言语又不能以行动对人有所裨益的人，不能够在必要时为军队、国家或人民服务的人，如果在无能之外，他们还傲
慢不恭，就应当受到阻止，尽管他们非常富有。但是，和控告者的 60
指控相反，苏格拉底显然是普通人民的朋友，而且是热爱人类的人；尽管他接待了许多希望听他讲学的人，其中有本国公民也有外国人，但他从来没有因为讲学而向任何人索取过报酬，而是以其丰富的学识毫不吝惜地向所有的人施教。有些人不费分文，从他学得了一点皮毛，竟以高价转而贩售给别人，并且不像他那样做普通
人民的朋友，而是对凡没有钱给他们的人，他们就拒绝与他们交 61
谈。但苏格拉底在其和别人的交往中对他本国所作出的贡献比因其对拉开代莫尼人②的贡献而享盛名的李哈斯要多得多。的确，李哈斯在儿童欢舞节③款待了那些到拉开代莫尼来的外乡客旅，但苏格拉底则是耗尽了他毕生的精力最大限度地嘉惠了那些愿意领受他的教益的人们，他使那些从他游学的人在和他分手的时候都成了更好的人。

① 这里的诗句引自荷马：《伊利亚特》第二卷第188—203页。——译者

② 即斯巴达人。——译者

③ 儿童欢舞节是斯巴达的一个一年一度的节日，在每年夏令举行，据犹西比乌斯的记载，是为纪念那些在苏利阿之役和阿尔格人作战阵亡的斯巴达人而设立的。——译者

62 因此，在我看来，像苏格拉底这样品格的人似乎应该受到国家的尊崇而不应被处死；任何一个按律法考虑他的案情的人一定会看出这种情况来：按照律法，很明显，被证明犯偷窃、强盗、扒手、夜
63 盗、绑架或盗窃神物的人才应受死刑处分，对于这一切的罪，没有比苏格拉底更清白的人了。他从来没有作过引起战争的祸首，使国家因他蒙受损失，也没有犯过作乱、谋反的罪，在他和人的私人往来中也从来没有做过损人利己或陷人于不义的事，在这一切罪中他连一点嫌疑也没有沾着过。

64 既然如此，他怎么会犯所指控的罪呢？他不仅没有像起诉书所指控的不尊敬诸神，而且明显地比别人更崇敬诸神；不仅没有像控告他的人所指责的那样败坏青年，还明明地诱导了他的门人中那些有犯罪倾向的人停止了罪行，劝勉他们追求那最光荣最美好的德行，正是借着这种德行，人们才能治国齐家。遵循这样一种立身处世之道的人，难道不应受到城邦的最大的尊敬吗？

第　三　章

前两章所述苏格拉底的品格的确证：他敬拜诸神并劝勉别人敬拜他们，第 1 节。他的关于应当如何祈求神的见解，第 2 节。他的关于如何向神献祭才能蒙神悦纳的见解，第 3 节。他重视预兆，第 4 节。他实践自制并劝勉别人实践，第 5—15 节。

1 为了证明，在我看来，苏格拉底如何通过他自己的为人以及他对那些和他交游的人们的谈话而使他们获得益处，我将把我所记得的关于这方面的事情，尽量记录下来。

在他和神明的关系方面:他的言行显然是和在亚波罗神庙的女祭司对那些求问应如何祭神以及如何敬拜祖先的人所作的回答是完全符合一致的;因为女祭司的回答是:按照城邦的风俗行事就是虔敬。苏格拉底不仅自己这样做了,而且还劝导了别人也这样做;他认为,那些按照另一种方式做事的人,都是轻举妄动,或者愚而自用。

当他向神祈祷的时候,他只求神把好的东西赐给他,因为什么 2
东西是好的只有神知道得最清楚。他认为,那些向神祈求金、银、统治权或任何一类东西的人,就和求神使他能够掷骰子,打仗或其他任何结果如何尚未可知的事一样。

当他根据他的微薄的收入向神献上少量的祭物的时候,他认 3
为自己所献的,一点也不在那些由于收入丰富而向神献上大量丰盛祭品的人之下。因他认为神不会只喜欢大的祭物而不喜欢小的祭物;如果是这样的话,那么,恶人所献的就倒会比善人所献的更蒙神悦纳了;如果恶人的祭物反倒比善人所献的祭物更蒙神的悦纳,对人来说,人生就没有什么价值了。他认为神所最喜欢的乃是最敬虔的人的祭物。他常以赞许的心情引用如下的诗句:

“按照自己的力量献祭给神圣的不朽的神明。”[①]

他还常说这句诗是对人的一个很好的忠告:无论是对朋友,对客旅或在人生的其他关系上,都**应量力行事**。

当他认为神明指示他做什么事的时候,正如他不会放下明眼 4
人和识路人的话不听而去让瞎子和不识路的人指引他一样,他也

① 赫西阿德斯:《工作和日子》第一卷第336句。——译者

绝不会听从任何人的劝告而不顾神明所指示他的事情。当别人因顾虑人的谴责而不照神所指示他们的去做的时候，他总是斥责他们的愚昧。至于他自己，他认为所有人的意见，和神的劝告比较起来，都是不值得重视的。

5 他所采取的生活方式都是为了锻炼自己的心灵和身体，使得
在没有意外遭遇的情况下[①]，能够愉快而安全地生活，而且对于必
要的开支不致匮乏。他生活得非常俭朴，我想，任何人，不管他的
工作多么少，他的收入也不会不够满足苏格拉底的需要。他用食
物也以自己能够愉快地欣赏的量为限，因而当他准备好进餐的时
候，他的食欲本身就成了最好的调味品。任何一种饮料对他都合
6 适，因为他只在渴的时候才进饮。当他接受人的邀请赴宴会的时
候，他能够很容易地谨防饮食过度，这对大多数人来说是很难做到
的事。对于那些不能够这样做的人，他就劝他们在不饿的时候要
7 慎戒勿吃，在不渴的时候要慎戒勿喝，因为他说，这一类的事会使
人的胃口、头脑和心灵失常。他常开玩笑地说，他认为克尔凯正是
借着大摆筵席才把人变成为猪的[②]，但俄底修斯由于听了赫尔米
斯的忠告，自我克制，不吃这类美食的缘故，他就没有被变成猪。
8 关于这一类事情，他总是这样边开玩笑边认真地说的。

关于色情，他劝人要严格禁戒和容貌俊美的人亲昵；他说，一旦和这样的人火热起来，再想严格控制住自己就很不容易了。有

① 原文为“没有神的干预的情况下”。——译者

② 克尔凯是个女巫，她用巫术把俄底修斯的同伴们变成了猪，事出荷马诗，参看付东华译《奥德赛》，第258—259页，商务印书馆1934年版（该书似系根据英文“Circe”音，将Κίρκη译为“塞栖”）。——译者

一次他听到克里同的儿子克里托布洛斯吻了阿尔克比阿底斯的美貌的儿子的时候，他就当克里托布洛斯的面，问色诺芬道："色诺
芬，你不是认为克里托布洛斯是一个有节制的人而不是一个鲁莽 9
的人，是一个谨慎的人而不是一个无知轻率的人吗？"

"当然，"色诺芬回答。

"可是，现在你就得认他为一个鲁莽灭裂、大胆妄为的人了，一个甚至连刀剑也敢于闯入，连火坑也敢于跳进的人了。"

"你究竟看见他做了什么事，竟对他抱有这样坏的意见呢？"色
诺芬问道。 10

"怎么，"苏格拉底回答道，"难道他不是胆大妄为，竟敢于向阿尔克比阿底斯的那个容貌极其俊美、正当青春力壮的儿子接吻吗？"

"可是，"色诺芬说道，"如果这样的行为也叫做大胆冒险的话，
那么，我想连我也可以冒险一下了。" 11

"你这个可怜的人儿，"苏格拉底说道，"你知道和一个美男子接吻会带来什么后果吗？难道不知道你会立刻丧失自由而变成一个奴隶？会花费很多金钱在有害的娱乐上？会被许多事所纠缠而不能把精力用在高尚和善良的事上？甚至还会追求那些连疯子都不屑做的事？"

"我的赫拉克雷士①，"色诺芬喊道，"你把一吻说得有多么可 12
怕的力量啊！"

① 赫拉克雷士，希腊神话中的大力士。这里原文为"Ὦ Ἡράκλεις"（哦！赫拉克雷士）是一种表示惊叹的说法，约略相当于中文的"我的天啊！"——译者

“你以这为奇怪吗?”苏格拉底反问道,“难道你不知道毒蜘蛛(φαλάγγια)[①]虽然不到半寸大,只要它把嘴贴在人身上,就会使人感到极大痛苦而失去知觉吗?”

“当然,”色诺芬说道,“因为毒蜘蛛咬的时候把一种东西注射到人体里面。”

13 “你这个傻子,”苏格拉底说道,“难道你以为因为你没有看见,美人儿在接吻的时候就没有把一种东西注射到人里面去吗? 难道你不知道人们所称之为‘青春美貌’的这种动物比毒蜘蛛还可怕得多? 因为毒蜘蛛只是在接触的时候才把一种东西注射到人体里来,但这种动物不需要接触,只要人看他一眼,甚至从很远的地方看他一眼,他就会把一种使人如痴如狂的东西注射到人里面来吗? 人们把爱情称做射手,可能正是因为这个缘故,美人儿可以从很远的地方使人受伤。但我劝你,色诺芬,当你一看到一个美人儿的时候,赶快拼命跑开。啊,克里托布洛斯,我劝你离开这里一年,在这一段期间也许你的创伤可以获得痊愈,甚至能不能痊愈还不敢一定哩!”

14 就这样,在色欲的享受方面,他认为那些不能坚决控制色欲的人应该把这一类欲望的满足只限于在身体迫切需要的情况下心灵予以同意,而且这种需要也不致引起损害的时候。至于他本人,他对于这一类事情是非常有操守的,即使对于最青春貌美的人,他也能泰然自若,不为所动;而在别人,则即使对于最丑陋、最其貌不扬的人,也难免有所动心。

---

① 产于意大利的一种毒蜘蛛。——译者

这就是他对于饮食、色欲的感情状态；他相信自己由于这样能 15
自我节制，并不比那些费心劳力追求满足这些欲望的人所享受得
更少，而且还少受了许多焦思劳形之苦。

第　四　章

苏格拉底不仅劝勉人们敦厚德行，而且还引导他们实践德行；他和阿里斯托底莫斯的对话，第 1—2 节。为了一定目的而制作出来的事物必不是偶然性的产物，而是理性的产物，第 3—4 节。人的身体有一种非常美好的和它的目的极相吻合的结构；因此，我们不得不认为人是神的预想的对象，第 5—7 节。宇宙间事物的秩然有序，表明它是超自然造化的产物，第 8—9 节。人对于较低级动物的优越性，证明人是更为直接地在天上神明的照顾之下，第 10—14 节。神明还教导人怎样为人，第 15 节。从各种不同的考虑可以看出神明既关心个人，也关怀人类集体，第 15—16 节。正如精神统治着身体，同样，神明的造化也统治着宇宙，第 17 节。因此，如果人们正确地崇拜神明，他们就可以确信神明一定会乐于帮助他们，第 18—19 节。

但是，如果任何人认为，苏格拉底是像那些单凭臆测论断他 1
的人们所说的那样；虽然对指导人敦品笃行非常有本领，但却不
能带领他们在德行中前进，就让他们考虑一下，他驳斥那些自以
为知道一切的人所用的论证；他向他们提出来和他们辩难的问
题，以及他日常对那些和他交游的人们所作的谈话吧，让他们决
定一下他是否能够使那些和他交谈的人变得更好一些。我首先 2
要提一提我有一次亲自听到他对那绰号小人物的阿里斯托底莫

斯所讲关于神明的事。苏格拉底曾听说阿里斯托底莫斯无论做什么事，既不向神明献祭，也不[①]从事占卜，反而讥笑那些做这类事情的人。苏格拉底对他说道："阿里斯托底莫斯，请告诉我，你是不是对任何有智慧的人都钦佩他们呢？"

"当然，"他回答说。

"那么，把他们的名字说给我们听听吧，"苏格拉底说道。

3 "在叙事诗方面，我最钦佩的是荷马；在颂赞诗方面，最钦佩的是梅兰尼匹底斯[②]；在悲剧方面，是索弗克雷斯[③]；在雕刻方面，是帕如克利托斯[④]；在绘画方面，是琐克西斯[⑤]。"

"在你看来，是那些塑造没有感觉、不能行动的形象的人更值
4 得钦佩呢，还是那些塑造有感觉和有生命力的活物形象的人更值得钦佩呢？"

"我指宙斯神起誓，是那些塑造活物形象的人，因为活物形象不是偶然造出来的，而是凭智力造出来的。"

"关于那些不能确定为什么目的而存在的事物，和那些显然为了有益的目的而存在的事物，你说哪一个是偶然造出来的，哪一个是凭智力造出来的呢？"

---

① 娄卜古典丛书(Loeb classic)的希腊文在这里有放在括弧里的(ἐ ὐχόμενονδῆλον ὄντα οὔτε)(明显地祈求也不)几个字，该书编者注明这些字不见于手抄本，而是根据莎草纸碎片加进去的。R. D. C. Robbins 的注释本，则仅有[οὔτέ εὐχόμενον]字样，并注明括弧内字"许多版本都没有，恐系伪作"。这里的中译文是以 Josiah Renick Smith 的注释本希腊文为根据。——译者

② 美洛斯岛的抒情诗人。——译者

③ 雅典著名的悲剧诗人(公元前 495—前 406 年)。——译者

④ 西锡昂的雕刻家，鼎盛期约为公元前 430 年，以其所雕运动员像而著名。——译者

⑤ 意大利南部赫拉克利亚的绘画家，鼎盛期约与前者同时。——译者

“毫无疑问，那些为了有益的目的而存在的事物必然是智力的产物。”

“那么，在你看来，最初造人的那位，岂不是为了有益的目的而
把那些使人认识不同事物的才能赋予人：赋予人以眼睛，使他可以 5
看到一切事物，赋予人以耳朵，使他可以听到一切声音吗？如果没
有给我们鼻子，气味有什么用处？如果不是在嘴里造了一个可以
知觉甜、苦和其他一切适口的滋味的舌头，又怎能对这一切有所知 6
觉呢？除了这些以外，由于眼睛是柔弱的，还造了眼睑来保护它；
眼睑就好像门户一样，当需要看东西的时候就打开，睡觉的时候
就关闭，你看这不是好像有预见之明一样吗？造睫毛长起来像
屏风一样，不让风来损害它；在眼上边造眉毛当遮檐，不让汗珠
从头上滴下来使它感到难受；使耳朵能够接受各色各样的声音，
但却不被它们所充塞；使所有生物的门齿都适于咬嚼，然后臼齿
又从它们把食物接过来磨碎；把生物赖以取得它们所喜爱的食
物的嘴巴放在靠近眼和鼻子的地方；而由于所排泄出来的东西
是讨人厌的，就使肠道尽可能通向远离五官的地方——事物的
安排是如此显然地有预见性，它们是出于偶然或计划，你难道还
能有所怀疑吗？”

“当然不能，”阿里斯托底莫斯回答道，“当我以这样的眼光来 7
观察它们的时候，它们的确很像是由一个聪明仁爱的创造者造出
来的。”

“还有，把生育子女的自然愿望放在生物里面，使母亲有哺育婴儿的愿望，使子女有极其强烈的求生的愿望和极其强烈的怕死的心情，对于这些，你是怎样看的呢？”

"毫无疑问,这些也像是由于一位愿意万物都生存下去的所特意设计的结果。"

8 "你想你自己也有一些智慧吗?"

"你问吧,我会回答的。"

"你能以为别处就没有智慧吗?你知道尘土是极多的,而在你的身体里所有的只不过是一点,水是浩瀚的,而你的身体里也只有一点,你的身体的构造也只能使你从其他无量数的元素中每样接受一点,你能够以为自己非常幸运地把天下的智慧尽皆攫为己有,而这个广漠无垠,无限无量的事物的会合,竟是由于某种没有理智的东西维系着的吗?"

9 "的确如此;因为我看不见这些事物的指挥者,但世上事物的创造者我却是看得见的。"

"可是,指挥你身体的灵魂,你也是看不见啊,依据同样的推理,你也可以说,你做任何事都没有计划,一切完全出于偶然了。"

10 "但是,苏格拉底,"阿里斯托底莫斯说道,"我并不是轻看神明,不过我以为它们都非常崇高,无须我对之加以注意罢了。"

"不过,"苏格拉底说道,"既然它们肯垂顾你,那么,它们越是崇高,就越应该受到你的尊重才是啊!"

11 "请放心吧,"阿里斯托底莫斯答道,"如果我知道神明是关怀人类的,我绝不会轻视它们的。"

"那么,你以为神明是不关怀人类的吗?首先,在所有生物之中,它们使得惟有人能够直立,由于直立,就使得他能够向前看到

更远的距离，更好地注意上面的事情并且不容易受到损害[①]。其
次，神明把只能够使身体移动的脚赋予其他匍匐行走动物，却把双
手赋予人类，由于有了手，人类就有了更大的幸福。尽管所有的动 12
物都有舌头，但神明却只把人的舌头造得有时能和嘴的这一部分
接触，有时和嘴的另一部分接触，从而能够发出清晰的声音来，互
相表达情意。还有，你岂没有注意到，他们使得其他动物的性交都
受到一定时令的限制，惟有人类的性交一直可以继续到老年时期
吗？而且神明并不以仅仅照顾人的身体为满足，更要紧的，是他们 13
在人里面放置了一个灵魂，即他的最重要的部分。首先，有什么别
的动物的灵魂能够理解到有使万物秩然有序的神明存在着呢？除
了人以外，有什么其他动物向明神敬拜呢？有什么其他动物比人
有更好的灵魂能够预防饥渴、冷热、医疗疾病、增进健康；勤苦学
习，追求知识；或者能更好地把所听到、看到或学会的东西记住呢？
你岂不能很清楚地看出，人比其他动物，无论在身体或灵魂方面， 14
都生来就无比地高贵，生活得像神明一样吗？因为一个生物，如果
有牛的身体而没有人的判断力，它就不能把它所愿望的付诸实践；
如果只有手而没有理智也没有用处；对你这样一个这两种美好的
天赋都有的人来说，难道竟会以为神明不看顾你吗？神明必须为
你做什么事情，才能使你认为他们是关怀着你呢？”

---

① 在这以下 J. S. Watson 的英译本有“in what the gods have placed the eyes, and ears and mouth”，这可能是根据另一种希腊原文版本。按 Josiah Renick Smith 和 R. D. C. Robbins 的注释本，在这里原文都有“Oἷς Kαὶ ὄφιν καὶ ἀκοὴν καὶ στόμα ἐνεποὶησαν”（由于把眼、耳和口放在其中）几个字，但正如 Robbins 所指出，这样的句子的意义是很模糊的，我在这里是根据娄卜丛书，并将其他版本的异文注出，留供参考和进一步研究。——译者

15 “如果他们也给我差派顾问①，像你所说他们差派给你的那样，对你说，‘做这，不做那’，我就一定会这样想了。”

“当雅典人借占卜求问神明的时候，神明给他们进忠告，难道你以为这些忠告不也是给你的吗？或者当神明把兆头给予希腊人或者给全人类，警告他们的时候，他们是把你当作唯一的例外，而
16 全然忽视了你吗？你以为如果神明没有真的造福于人或加害于人的能力，他们会在人的心中产生对他们的这种信念吗？而且，如果人是这样永恒地受了欺骗，他们也总不会觉察到吗？你难道看不出最古老的和最明智的人类社会，最古老的和最明智的城市和国
17 家都尊敬神明，人生中最聪明的时期就是他们最敬畏神的时候吗？”“我的好朋友，你应该懂得”，苏格拉底继续说道，“住在你身体里面的智力②，既能随意指挥你的身体；那么，你也就应当相信，充满宇宙的理智，也可以随意指挥宇宙间的一切，而不应当认为，你的眼睛能够看到许多斯达第昂③远，而神明的眼睛却不能立刻看到一切；或者你的灵魂能够想到在这里的事情，或者埃及或西西里
18 的事情，而神明却不能同时想到一切。如果你通过为人服务，就会发现谁肯为你服务，通过你施惠于人，就会发现谁肯施惠于你，通过向人征求意见，就会发现谁是聪明人，同样，你也可用敬拜神明的方法来试试他们，看他们会不会把那些向人隐藏着的事情告诉你，你就会发现，神明具有这样的能力和这样的性情，能够同时看

① “顾问”原文为 συμβούλους，阿里斯托底莫斯在这里大约是指苏格拉底所说的 δαιμόνιον（守护神）而言，原文带有几分讥讽意味。——译者

② 原文 νοῦς。——译者

③ 斯达第昂是希腊的长度名，一斯达第昂约合 184 公尺。——译者

到一切的事情，同时听到一切的事情，同时存在于各处，而且关怀万有。”

由于发表了这样一些意见，我以为苏格拉底就使得那些和他 19
交游的人们不至于做出不敬虔、不公正和不光荣的事情，不仅是当他们被人看到的时候，就是当他们独自在一个地方的时候也是如此，因为他们会想到，凡他们所做的一切，没有一样能够逃过神明的耳目。

第　五　章

劝人自制：凡缺乏自制的人，无论对于自己或别人都没有好处，或者说，都不适当，第 1—4 节。不能自制就不能学会或做出任何有适当效果的事情来，第 5 节。苏格拉底不仅教导人自制，而且以身作则，第 6 节。

此外，如果自制是人的一个光荣而有价值的美德，我们不妨回 1
顾一下像以下的事情，看看苏格拉底究竟是不是把人引上自制的道路：

“我的朋友们，当我们面临战争，必须挑选一个人，借着他的努力使我们自己得到保全并制胜敌人的时候，难道我们会挑选一个我们明明知道他不能抵抗贪食、饮酒、肉欲、疲倦或睡眠的试诱的
人吗？我们怎能以为这样的人会为我们服务或制胜我们的敌人 2
呢？或者当我们临终的时候，想把我们的儿子托付人照管，把我们未出嫁的女儿托付人看顾，或者托人保管我们的财产，我们难道会以为一个没有自制能力的人值得我们信任，托他给我们做这些事

吗？我们会把我们的羊群、我们的粮食仓库，或者照料我们农事的
任务，交托给一个放纵无度的奴仆吗？即使是白白送给我们，难道
我们会接受这样的一个奴仆做我们的管事或采购员吗？既然我们
3 不愿意有一个不能自制的奴仆，那么，我们自己谨慎不做这样的人
岂不是更重要了吗？因为一个不能自制的人并不是损害别人而有
利于自己，像一个贪得无厌的人，掠夺别人的财物来饱足自己的私
囊那样，而是对人既有损对己更有害，的确，最大的害处是不仅毁
4 坏自己的家庭，而且还毁坏自己的身体和灵魂。就是在社会上，如
果明知一个人贪好酒食甚于和朋友的交谈，喜爱嫖娼裘妓甚于交
友，谁又喜欢和这样的人交往呢？每一个人的本分岂不就是把自
制看作是一切德行的基础，首先在自己心里树立起一种自制的美
5 德来吗？有哪个不能自制的人能学会任何的好事，或者把它充分
地付诸实践呢？有哪个做肉欲奴隶的人会不是在身体和灵魂双方
面都处于同样恶劣的情况呢？我敢指赫拉女神起誓，依我看来，一
个自由人应当向神明祈祷，使他永远不遇到这样的奴仆，而一个已
经做了肉欲的奴隶的人就应当求神明使他得到好心肠的主人；因
为只有这样，这一类的人才能得救。”

6 以上是苏格拉底所说的话，但他的实际行动比他的言论更好地表现了他是一个能自制的人。因为他不仅制服了身体的私欲，而且也战胜了与金钱有关的一切事情。他认为一个从任何人收取金钱的人就是给自己树立起一个主人而使自己处于极其卑鄙的奴隶地位。

第　六　章

苏格拉底和安提丰的三次对话：Ⅰ.安提丰讥笑苏格拉底的贫穷和俭朴以及他不愿借教学而收取酬金，第1—3节。苏格拉底答复说由于不收取酬金，他就可以自由选择听众，第4—5节。说饮食清淡，服装朴素有很多好处，第6—7节。说勤俭的人比纵欲的人的好处在于勤俭的人容易自我改进；容易向国家尽忠职守；容易获得一般的幸福，第8—10节。Ⅱ.安提丰说苏格拉底由于不接受酬金可能是一个正义的人，但绝不是一个明智的人，第11—12节。苏格拉底说出卖智慧就是贬低智慧；获得朋友比获得金钱的好处更多，第13—14节。Ⅲ.安提丰质问苏格拉底，为什么他训导别人管理政事而他自己却不参与政事；苏格拉底回答说训练许多人治理国家比他一个人参与政治对于国家的贡献更大，第15节。

为了公正地对待苏格拉底，我们也不可以不记下他和诡辩家 1
安提丰所作的对话。有一次安提丰为了想使和苏格拉底交游的人都离开他起见，他就当着他们的面对苏格拉底说：

“苏格拉底，我以为研究哲学的人应当比别人更为幸福才是， 2
但你从哲学所收获的果实，却似乎显然是属于相反的一种。至少你所过的生活是一种使得奴隶都不会继续和他的主人过下去的生活；你所吃喝的饮食是最粗陋的；你所着的衣服不仅是褴褛不堪，而且没冬没夏都是一样；你一直是既无鞋袜又无长衫；金钱这种东
西，当人们在接受它的时候就会感到高兴，有了它的时候就会生活 3
得舒畅而愉快，你却分文不取。既然传授其他职业的师傅们都是要他们的弟子们仿效他们自己；如果你也是要和你交游的人也效

法你的话，那你就必须把自己当作是一个教授不幸的人了。”

4 对于这些话苏格拉底答道：

“安提丰，你似乎把我的生活看得是非常不幸，以致我想你一
定是宁死也不愿度像我这样生活的。就让我们来考虑一下你所认
5 为我的生活中令你感到不愉快的是些什么吧。是不是因为别的收
取金钱报酬的人必须为他们所取得的酬金而服务，而我，由于我不
取酬金，从而就没有向我所不喜欢的人讲授的义务呢？是不是你
以为我的饮食没有你的饮食那样合乎卫生，或者没有你的饮食那
样富于营养，你就认为不好呢？还是因为我的饮食比你的更稀罕，
更昂贵，比你的饮食更难于取得呢？或者是因为你所取得的饮食
对你来说更为可口，而我为我自己所取得的食物对我来说没有那
么可口呢？你难道不知道，愈是能够欣赏食物的人就愈不需要调
味品，愈是能够欣赏饮料的人就愈不忙于寻求他所没有的饮料吗？
6 你知道，那些更换衣服的人是因为气候冷热不同才更换的，穿鞋子
的人是因为防止脚上疼痛不便行路才穿的，你什么时候看见过我
因为天气太冷而留在家里，或因天气过热而和人争着乘凉，或者因
7 为脚痛而步履艰难呢？你岂不知道，那些天生体质脆弱的人，只要
锻炼身体，就会在他所锻炼的方面强壮起来，比那些忽略锻炼的人
更能够轻而易举地经受住疲劳吗？你岂不知道，像我这样经常锻
8 炼身体，准备应付对于身体可能临到的任何考验的人，能够比像你
这样不进行身体锻炼的人，更容易经受住一切考验吗？为了避做
口腹之欲、睡眠或其他情欲的奴隶，你想有什么比把精神专注在这
些更有吸引力，不仅在享用他们的当时使我心中感到愉快，还能使
我希望它会永远给我好处的事上，更为有效的方法吗？你也知道

这一点，那些自知一事无成的人是绝不会很高兴的，但那些看到他
们的农业、他们的航海业，或者他们所从事的任何其他职业，进行
得对他们很有利的人，就会好像目前已经得到成功那样地高兴。
但是你想，从这些满足所得到的快乐，能够有意识到自己在日益更 9
好地成长起来，获得愈来愈多的有价值的朋友那样快乐吗？这些
就是我所经常意识到的快乐。

“而且，一旦朋友或城邦需要帮助的时候，你想这两种人中哪一种会更有时间提供帮助，是像我这样生活的人呢，还是你所认为那种生活在幸福中的人呢？这两种人中哪一种人会很愉快地奔赴战场，是那种不吃山珍海味就活不下去的人呢，还是那种随遇而安，粗茶淡饭皆可果腹的人呢？当被围困的时候，这两种人中哪一种人会更早地屈服，是那种需要很难得到满足的人呢，还是那种需要极容易满足的人呢？

“安提丰，你好像认为，幸福就在于奢华宴乐；而我则以为，能 10
够一无所求才是像神仙一样，所需求的愈少也就会愈接近于神仙；
神性就是完善，愈接近于神性也就是愈接近于完善。”

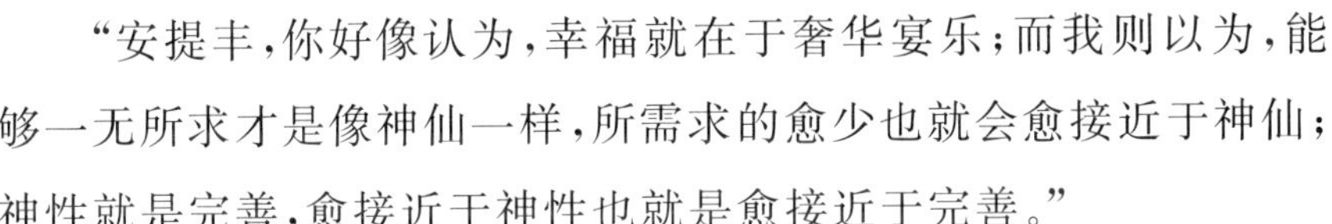

另一次，安提丰在谈话中对苏格拉底说道： 11

“苏格拉底，我认为你的确是个正义的人，但你绝不是一个明
智的人；我以为连你自己也意识到这一点；你并不向和你交游的人
索取任何金钱的酬劳。然而，如果你认为你的一件衣服，一所房
子，或你所有的任何其他东西值钱的话，你就不仅不会把它白白地
给予别人，而且你所索取的代价还不会比它所值的为少。所以很
显然，如果你认为你的谈论有任何价值的话，你就一定也会要求人 12
们付予适当的代价。因此，尽管你并不因有贪心而欺骗别人，从这

一点来说你是一个正义的人，但你绝不能是一个明智的人，因为你的知识是分文不值的。”

13 对这，苏格拉底答道：

“安提丰，我们大家都有共同的看法，对于美貌和智慧的处理，既可能是光荣的，同样也可能是不光荣的。如果一个人把他的美貌出卖给任何愿意购买的人，我们就称他为娈童；但是，如果一个人和一个钦佩光荣和高尚事物的人做朋友我们就说他是个有见识的人；同样，人们把一些为金钱而出卖他们的智慧的人称做诡辩者，这也仿佛就是在说，智慧的出卖者。但是，一个人如果和他所知道是有才德的人交朋友，把自己所知道的好东西都教给他，我们

14 就认为他所做的是不愧为一个光荣而善良的公民。安提丰，正如别人所欢喜的是一匹好马、一条狗或一只鸟一样，在更大的程度上我所欢喜的乃是有价值的朋友；而且，如果我知道什么好的事情，我就传授给他们，并把他们介绍给我所认为会使他们在德行方面有所增长的任何其他教师。贤明的古人在他们所著的书中遗留下来的宝贵的遗产，我也和他们共同研讨探索，如果我们从古人的书中发现什么好的东西，我们就把它摘录出来，我们把能够这样彼此帮助看为是极大的收获。”

对于一个听到他说了这些话的我来说，我认为苏格拉底不仅他本人是幸福的，而且他也把那些听了他的话的人导向了美好和光荣的大道上来。

15 又一次，当安提丰问他，即使他懂得政治，但他自己既然不参与政事，怎能想象他会使别人成为政治家的时候，苏格拉底答道：

“安提丰，是我独自一人参与政事，还是我专心致志培养出尽

可能多的人来参与政事，使我能够对政治起更大的作用呢？”

第七章

劝戒人不要夸耀，凡是想要有所表现的人，就应当努力使自己真正成为他所想要表现的那样的人。一个人自己不是那样的人而冒充为那样的人，一定会给自己引起麻烦和讪笑，而且还可能给国家带来耻辱和损害。

让我们再考虑一下，由于苏格拉底劝戒他的门人不要夸耀，是 1
不是会激励他们追求德行。他常说：通向光荣的大道没有比真正
成为自己所希望表现的那样好人更好的了。为了证明他所说的话
正确，他采取了以下的论证方式： 2

“让我们考虑一下，”他说，“一个本不善于吹笛的人，但他却想表现出是一个善于吹笛的人，他必须怎么办。他岂不是必须在这个艺术的外表方面模仿那些善于吹笛的人吗？首先，由于吹笛的人都穿着华美的衣服，而且无论到什么地方都有一大群人跟着他们，他就必须也这样做；由于善于吹笛的人都有许多人为他们喝彩，他就必须也找许多人来为他喝彩；然而他总不可以试行演奏，否则的话，他会立刻显出是一个非常可笑的人，不仅是个恶劣的吹笛者，而且还是个狂妄的吹牛家。这样，在花费了很大一笔资财之后，他不仅毫无收获，而且还要给自己带来耻辱，使得自己的生活
沉重、无用和可笑。同样，一个人本不是个好的将领或好的领港 3
员，却想要表现为一个好将领或好领港员，让我们想一想会有怎样的情况。如果在他多方努力想表现出自己有这些能耐之后，他仍

不能使人信服，这种失败岂不会使他感到痛苦吗？如果他的努力幸而成功了，这种成功岂不是会给他带来更大的不幸吗？因为很显然，一个没有必要的知识的人而被任命去驾驶一条船或带领一支军队，他只会给那些他所不愿毁灭的人带来毁灭，同时使他自己蒙受羞辱和痛苦。”

4 他还以同样的方式证明：一个本不是富有、勇敢或有力量的人，而表现成是这样的人，是毫无用处的。他说，“人们把他们所不能胜任的任务加在他们身上，当他们辜负了人们的期望的时候，人
5 们对他们是不会容情的。”他称那用说服的方法向别人借得银钱或财物而不肯归还的人是个不小的骗子，但他认为最大的骗子乃是那些本来没有资格，却用欺骗的方法使人相信他们有治国才能的人。

我以为通过这一类的谈论，苏格拉底就在他的门人中阻止了夸耀的风气。

第 二 卷

第 一 章

苏格拉底有点感觉到贪图逸乐的阿里斯提普斯正在想在政府里谋得一席位置，就劝告他说，自制是做一个政治家的必备的资格，第1—7节。但由于阿里斯提普斯说他只想度一种悠闲恬静的享乐生活，苏格拉底就提出一个问题，是治理人的人的生活更快乐呢，还是那些被治理的人的生活更快乐？第8—10节。阿里斯提普斯表示，他既不愿治理人，也不愿被人治理，只想享受自由。苏格拉底告诉他，他所想得到的这种自由是和人类社会性质相矛盾的，第11—13节。阿里斯提普斯仍然坚持己见，并说他的志愿并不是想长久留住在任何一个国家里，而是想访问旅居在许多国家里，于是苏格拉底就向他指明这种生活方式的危险性，第14—16节。但是，阿里斯提普斯却进一步指责那些宁愿度一种辛苦劳碌的政治生活而不愿度一种舒适安逸的生活的人是愚不可及，苏格拉底向他指明，自愿劳动的人和被迫劳动的人之间的区别，并说必死的人所能享受的任何一种好处都不是不经劳动就可以获得的，第17—20节。为了举例证明他的论点，苏格拉底叙述了普拉迪克斯的寓言，赫拉克雷斯的选择，第21—24节。

从以下的谈话看来，我以为苏格拉底是劝勉那些和他交游的 1
人在饱食、性欲、睡眠、耐冷、耐热和劳动等方面都要实践自制的。

当他看到有一个和他交游的人在这些方面没有节制的时候，他就对他说道：“请告诉我，阿里斯提普斯[①]，如果要求你负责教育我们中间的两个青年人，使一个成为有资格统治人的人，另一个则成为绝不愿意统治人的人，你将会怎样教育每一个人呢？就让我们从最基本的食物问题谈起，好不好？”

“的确”，阿里斯提普斯回答道，“我认为食物是个很基本的问题，因为一个人如果不进食物他就活不下去。”

2 “那么，他们两人就都会在一定时间有进食的要求了？”

“是的，这是很自然的事情，”阿里斯提普斯回答说。

“那么，这两个人中哪一个人我们应该训练他，使他把处理紧急事务看得比进食更要紧呢？”

“毫无疑问，是那个被训练来统治人的人，”阿里斯提普斯回答说，“否则的话，国家大事就会因他的玩忽而受到影响。”

“当两个人都口渴的时候，”苏格拉底继续说道，“我们岂不是也要训练这同一个人要有耐渴的能力吗？”

“当然”，阿里斯提普斯回答道。

3 “这两个人中哪一个我们应当使他有限制睡眠的能力，使得他能够晚睡早起，而且如果需要的话，就不睡眠呢？”

“毫无疑问，”阿里斯提普斯回答道，“也是同一个人。”

“这两个人中，我们应该要求哪一个人有控制性欲的能力，使他不致因性欲的影响而妨碍执行必要的任务呢？”

---

① 阿里斯提普斯是非洲居兰尼人，生长于富有家庭，从小习于享乐，慕苏格拉底之名来到雅典跟他学习，后来成了居兰尼学派的创始人。——译者

“也是同一个人，”阿里斯提普斯回答。

“这两个人当中，我们应该训练哪一个人，使他不致躲避劳动，而是很愉快地从事劳动呢？”

“这也应该是那个受训练准备统治人的人”，阿里斯提普斯回答。

“这两个人当中，哪一个需要有制胜敌人的知识呢？”

“毫无疑问，当然也是那个受训练治理人的人非常需要这种知识，因为如果没有这样的知识，其他一切资格都将毫无用处，”阿里斯提普斯回答。

“那么，在你看来，一个受了这样训练的人，不会像其他动物那 4
样容易出其不意地被敌人所制胜了？我们知道有些这样的动物，
由于贪婪而被捕；另一些，尽管很机灵，也由于贪图吞饵而受诱；还
有一些，由于滥饮而陷入罗网。”

“这也是无可争辩的，”阿里斯提普斯回答。

“岂不是还有一些，就如鹌鹑和鹧鸪，由于它们的性欲，当它们听到雌鸟叫唤的声音时，因为贪图享乐就放松警惕，终至于落入陷阱之中吗？”

阿里斯提普斯对这也表示了同意。

“那么，你想，一个人像那些最无知的禽兽那样，也陷于同样的 5
情况，岂不是很可耻吗？就如一个奸夫虽然明知一个犯奸淫的人
有受法律所要施加的刑罚和中人埋伏、被捉、受痛打的危险，却仍
然进入妇女的闺房中去；尽管有如此多的痛苦和耻辱在等待着登
徒子之流，但在另一方面也有许多方法可以使他避免肉欲的危险，
而他竟甘心自投罗网，你想这岂不是有如恶鬼附身吗？”

“我想是这样，”阿里斯提普斯回答道。

6 “考虑到人生当中极大部分重大的实践、战争、农业和许多的其他事情都是在露天中进行的，你想，竟有这么多的人没有受过忍耐寒冷和炎热的训练，岂不是重大的疏忽吗？”

阿里斯提普斯对这也表示了同意。

“你想我们岂不是应当把那准备统治人的人训练得能够轻而易举地忍受这些不方便吗？”

“当然应该如此，”阿里斯提普斯回答。

7 “如果我们把那些能够忍受这些事的人列为‘适于统治’的一类，那我们就岂不是应当把那些不能忍受这些事的人列为甚至连要求统治的资格也没有的一类了吗？”

阿里斯提普斯对这也表示了同意。

“既然你知道这两类人各属于哪一类，那么，你是不是考虑过应当把自己放在哪一类里呢？”

8 “我的确已经考虑过了，”阿里斯提普斯说：“我从来也不想把自己放在那些想要统治人的人一类；因为在我看来，为自己准备必需品已经是件很大的难事，如果不以此为满足，还想肩负起为全国人民提供一切必需品的重担，那真是太荒唐了。自己所想要得到的许多东西尚且弄不到手，竟还要把自己列于一个国家的领导地位，从而使自己如果不能为全国人民提供必需品就要受到谴责，岂
9 不是愚不可及吗？因为人民[①]认为他们有权处理他们的领袖，就像我认为有权处理我的奴仆一样，我要求我的仆人给我提供丰盛

① 原文为 αἱ πόλεις，亦可译为国家或城邦。——译者

的必需品，但却不许他们染指；人民也认为国家的领导人应该为他们尽量提供各种享受，却不愿领导人自己有任何享受，因此，任何愿意为自己惹许多麻烦而同时又为别人找许多麻烦的人，我就这样训练他们，把他们列于‘适于统治’的一类；但我把自己列于那些愿尽量享受安逸和幸福的一类人之中。”

于是苏格拉底问道：“让我们考虑一下是统治人的人生活得更 10
幸福还是被统治的人生活得更幸福，好吗？”

“当然可以，”阿里斯提普斯回答道。

“首先从我们所知道的民族说起。在亚洲的统治者是波斯人；叙利亚人，弗吕吉亚人和吕底亚人，都是被统治者。在欧洲的统治者是斯库泰人，被统治者是马俄太人；在非洲，统治者是迦太基人，被统治者是利比亚人。你想这些人中哪些人生活得更幸福呢？或者就拿以你自己为一分子的希腊人来说，你想是统治集团的人生活得更幸福呢，还是被统治的人生活得更幸福呢？”

“不过，我并不是一个拥护奴隶制的人，”阿里斯提普斯回答 11
道，“但我以为有一条我愿意走在其中的中庸大道，这条道路既不通过统治，也不通过奴役，而是通过自由，这乃是一条通向幸福的光明大道。”

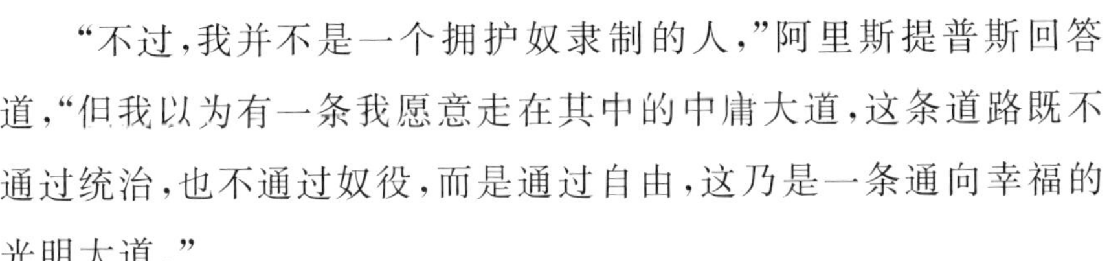

“不过，”苏格拉底说道，“如果你所说的既不通过统治也不通 12
过奴役的道路，也是不通过人间的道路的话，那么，你所说的也许
就值得考虑了。但是，你既然是生活在人间，而你竟认为统治人和
被统治都不适当，而且还不甘心尊敬掌权的人，我想你一定会看
到，强有力的人是有办法把弱者当着奴隶来对待，叫他们无论在公
共生活或私人生活中都自叹命苦的。难道你能够不知道，有些人 13

把别人所栽种和培植起来的庄稼和树木砍伐下来，用各式各样的方法扰害那些不肯向他们屈服的弱者，直到他们为了避免和强者的战争而不得不接受他们的奴役？就是在私人生活中，难道你也没有看到，勇而强者总是奴役那些怯而弱者并享受他们劳动的果实吗？”

“但是，对我来说，”阿里斯提普斯回答道，“为了不遭受这样的待遇，我并不打算把自己关闭起来做一个国家的公民，而是要到处周游作客。”

14 “现在你所说的倒的确是一个绝妙的计策，”苏格拉底说道，
“因为自从西尼斯、斯凯伦和帕拉克鲁斯推斯[①]被杀以来，是没有
人会加害于旅客的！但是各国的执政者，现在都颁布了保护他们
自己不受损害的律法，除了那些必须听他们呼唤的人以外，他们还
结交了一些朋友，环绕他们的城市建筑堡垒，配备武器防止敌人袭
击，除了这一切以外，他们还在外国寻求同盟者；但是，尽管采取了
15 这些防御措施，他们还是遭到了损害；而你，既没有这许多有利条
件，花费许多时间奔走在很多人遇害的公路上；当你进入一个城市
的时候，你的力量总是没有那个城市的居民那么强大，很容易成为
歹徒们注意而加以袭击的对象，难道你会认为由于自己是个客旅，
就可以避免受害了吗？有什么事使你这样自信呢？难道是这些城
市已经颁布了保护来往客旅的法令吗？还是你以为没有一个奴隶
主会把你当作是一个值得一顾的奴隶？因为谁愿意把一个不爱劳

① 以上三人都是大盗，为泰苏斯所杀，见普鲁塔克：《泰苏斯》c. 8 以下。——译者

动而只是一味贪图享受最优厚待遇的人留在家中呢?”

“但是,现在让我们考虑一下,奴隶主是怎样对待这类奴隶的 16
呢!难道他们不是用叫他们挨饿的办法来抑制他们的贪食吗?用使他们无从接近的办法使他们没法下手偷窃吗?为了防止他们逃跑,他们岂不是用锁链把他们锁起来吗?岂不是用鞭挞的方法来赶走他们的懒惰吗?你自己是怎样做法来除掉你的家奴的这一类的缺点的呢?”

“我用各种方法惩罚他们,”阿里斯提普斯回答道,“一直到使 17
他们不得不服从我。但是,苏格拉底,你好像认为是幸福的那些受了统治术的训练的人怎么样呢?他们和这些被强迫受苦的人有什么不同,既然他们也得甘愿忍受同样的饥饿、寒冷、不眠和其他许多苦楚?因为同一皮肤,不管是自愿或非自愿,反正是受了鞭挞,或者简单地说,同一身体,不管是自愿或非自愿,反正是受了这些苦楚,在我看来,除了自愿受苦的人的愚不可及外,并没有任何区别。”

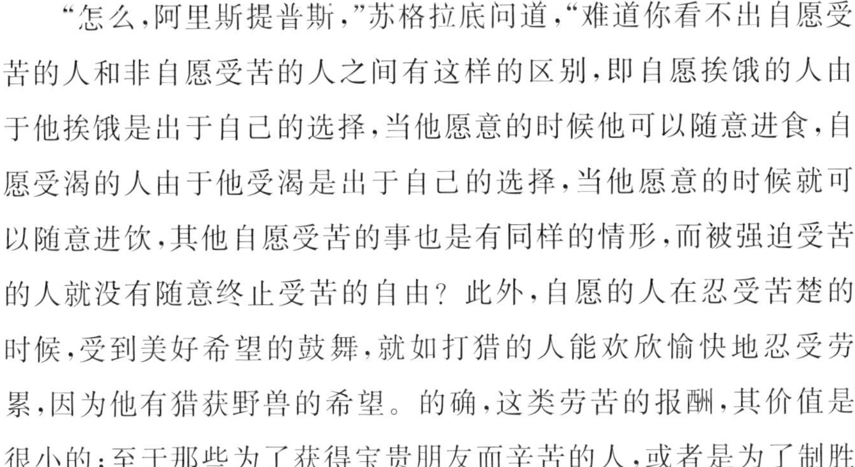

“怎么,阿里斯提普斯,”苏格拉底问道,“难道你看不出自愿受 18
苦的人和非自愿受苦的人之间有这样的区别,即自愿挨饿的人由
于他挨饿是出于自己的选择,当他愿意的时候他可以随意进食,自
愿受渴的人由于他受渴是出于自己的选择,当他愿意的时候就可
以随意进饮,其他自愿受苦的事也是有同样的情形,而被强迫受苦
的人就没有随意终止受苦的自由?此外,自愿的人在忍受苦楚的
时候,受到美好希望的鼓舞,就如打猎的人能欢欣愉快地忍受劳
累,因为他有猎获野兽的希望。的确,这类劳苦的报酬,其价值是 19
很小的;至于那些为了获得宝贵朋友而辛苦的人,或者是为了制胜

仇敌而辛苦的人，或者为了有健全的身体和充沛的精神可以把自己的家务治理妥善，能够对朋友有好处，对国家有贡献而辛苦的人，难道你能够不认为，他们是欢欣愉快地为这一切目标而辛劳，或者他们是生活得很幸福，不仅自己心安理得，而且还受到别人的
20 赞扬和羡慕吗？况且，怠惰和眼前的享受，正如健康运动训练员所告诉我们的，既不能使身体有健全的体质，也不能使心灵获得任何有价值的知识，但不屈不挠的努力终会使人建立起美好和高尚的业绩来，这是好人们所告诉我们的，赫西阿德斯在某处也说过：[①]

‘恶行充斥各处，俯拾即是：通向它的道路是平坦的，它也离我们很近。但不朽的神明却把劳力流汗安放在德行的宫殿之前：通向它的道路是漫长而险阻的，而且在起头还很崎岖不平；但当你攀登到顶峰的时候，它就会终于容易起来，尽管在起头它是难的。’

艾皮哈莫斯[②]在下列诗句里也给我们作了见证：

‘神明要求我们把劳动作为获得一切美好事物的代价。’

在另一处他还说道：

‘无赖们，不要留恋轻松的事情，免得你得到的反而是艰苦。’”

21 “明智的[③]普拉迪克斯在他的《论赫拉克雷斯》的论文里，关于

---

① 赫西阿德斯：《工作和日子》第一卷，287—292 句（娄卜丛书注：285，误）。——译者

② 艾皮哈莫斯是柯斯的喜剧诗人，出生于约公元 600 年前鼎盛于西拉库斯。——译者

③ “明智的”在这里的希腊文是 σοφός，J. S. Watson 的英译本把它译为“诡辩家”显然有误，因“诡辩家”的希腊文应是 σοφιστής。——译者

德行也表示了同样的意见。他曾把这篇论文向成群的听众讲述，据我所记忆的，内容大致如下：

‘当赫拉克雷斯从儿童时代进入青年时代的时候，也就是说，
当幼年人变为成年人，可以独立自主，并开始考虑如何走向生活，
是通过德行的途径还是通过恶行的途径的时候，有一次他走到一
个僻静的地方，坐下来思量在这两条道路中他究竟应该走哪一条
道路才好。这时有两个身材高大的妇女向他走来。一个是面貌俊 22
美，举止大方，肌肤晶莹，眼光正派，形态安祥，穿着洁白的衣服；另
一个是长得很肥胖又很娇嫩，打扮得使她的脸色显得比她生来的颜
貌更为皙白而红润，身材也显得比真实情况更为高大，睁大眼睛东
张西顾，穿着得娇态毕露，如果说大部分时间她是在自顾自盼，她也
时常在窥觑着别人是不是在注视着她，她还经常地顾影自怜。’”

“当她们走近赫拉克雷斯的时候，第一个仍然照着从前的步态 23
悠闲地走着，但另一个则急忙地要超过她，跑到赫拉克雷斯面前喊
道：‘赫拉克雷斯，我看你正在踌躇莫决，不知采取哪一条道路走向
生活才好；如果你跟我交朋友，我会领你走在最快乐、最舒适的道
路上，你将要尝到各式各样欢乐的滋味，一辈子不会经历任何困 24
难。首先，你不必担心战争和国家大事，你可以经常地想想吃点什
么佳肴，喝点什么美酒、看看或听听什么赏心悦目的事情，闻闻香
味或欣赏欣赏自己所爱好的东西，和什么样的人交游最为称心如
意，怎样睡得最舒适以及怎样最不费力地获得这一切。万一你担
心没办法得到这一切的时候，你也不必害怕我会要你劳心费力地 25
去获得它们。你将会得到别人劳碌的果实，凡是对你有用的东西
你尽可以毫无顾忌地取来，因为凡是和我在一起的人我都给他们

权力可以从任何地方取得他们所要的东西。'”

26 “当赫拉克雷斯听到这一番话的时候他问道,‘女士,请问你名叫什么?'”

“‘我的朋友把我叫做幸福,'她回答道,‘但那些恨我的人却给我起个绰号叫恶行'。”

27 “说话之间那一个女子也走近了,她说道,‘赫拉克雷斯,我也来和你谈谈,我认识你的父母,也曾注意到你幼年时所受的教育,我希望你会把你的脚步朝着我的住处走来,你将会做出一切尊贵而高尚的事情,我也将因这些善行而显得更为尊荣和显贵。但我

28 不愿意先用一套好话来欺骗你:我要老老实实地把神明所规定的事情告诉你。因为神明所赐予人的一切美好的事物,没有一样是不需要辛苦努力就可以获得的。如果你想获得神明的宠爱,你必须向神明礼拜;如果你希望得到朋友的友爱,你就必须善待你的朋友;如果你想从一个城市获得尊荣,你就必须支援这个城市;如果你希冀因你的德行而获得全希腊的表扬,你就必须向全希腊做出有益的事情;如果你要土地给你带来丰盛的果实,你就必须耕耘这块土地;如果你决心想从羊群获得财富,你就必须好好照管羊群;如果你想通过战争而壮大起来,取得力量来解放你的朋友并制服你的敌人,你就必须向那些懂得战争的人学会战争的艺术并在实践中对它们作正确的运用;如果你要使身体强健,你就必须使身体成为心灵的仆人,用劳力出汗来训练它。'”

29 “按照普拉迪克斯所说的,这时恶行插进来说道:‘赫拉克雷斯,你注意到这个女人向你所描绘的通向快乐的道路是多么艰巨和漫长了吗?我会通过一条容易和抄近的道路把你引向快乐。'”

“德行回答道，‘你这个无耻的女人，你有什么好东西呢？你既 30
不肯辛劳努力去获得它，怎能体验到美好的事情呢？你连等待对
于美好事物发生欲望的耐心都没有，在还没有饿的时候就去吃，还
没有渴的时候就去喝，罗致厨师为的是使你可以尝尽美味，沽来美
酒，为的是使你可以开怀痛饮，还为了使它变得凉爽些而在夏天奔
波寻找冰雪来。为了睡得舒畅，你不仅预备了柔软的被褥，还在床
下安置了一个支座，因为你之所以要睡眠并不是因为工作劳累而
是由于无事可做，闲得无聊。你在没有性欲要求的时候用各种方
法引起淫欲，把男人当做女人使用；你就是这样教导你的朋友们，
使他们在夜间放荡无度，而在白天则把最好的时光花在睡眠之中。 31
你虽然是不朽的，然而却是被神明所弃绝的，是善良的人们所不齿
的。一切声音中最美好的声音，赞美的声音，你听不到；一切景致
中最美好的景致你也看不到，因为你从来没有看到自己做过什么
美好的事情。谁会相信你所说的话呢？谁会把你所要求的给你
呢？有哪个神智清楚的人会敢于和你厮混呢？因为凡是醉心于你
的人在年轻的时候身体都脆弱不堪，在年老的时候，他们的心灵也
没有智慧；在年轻的时候他们饱食终日、无所用心，在年老的时候，
他们都困顿潦倒，痛苦难言；他们过去的行为给自己带来了耻辱，
当前的行为给自己带来了烦恼。青年时他们生活得无忧无虑，却
为老来积累了困苦艰难。但我做神明的侣伴，做善良的人的朋友； 32
凡是神或人所做的美好事情，没有一样不借助于我的；我受到神明
的器重，受到那些和我同心同德的人们的尊敬；我是工匠们所喜爱
的同工，是主人们的忠实的管家，是仆人们的仁爱的护卫者，是和
平劳动的热情的参与者，是战争行为的坚定的同盟者，是友谊的最

33 好的伙伴。我的朋友们都心情愉快、无忧无虑地享受饮食的乐趣，因为他们总是等到食欲旺盛的时候才进饮食。他们比懒惰的人睡得香甜，醒来的时候也没有烦恼，他们并不因睡眠而轻忽自己的本分。青年人因获得老年人的夸奖而高兴；老年人也因受到青年人的尊敬而喜乐；他们以欣悦的心情回顾自己已往的成就，欢欣鼓舞地从事目前的工作。通过我，他们受到神明的恩宠、朋友的爱戴、国人的器重。当大限来临的时候，他们并不是躺在那里被人遗忘，无人尊敬，而是一直活下去，永远受到人们的歌颂和纪念。赫拉克雷斯啊，你有很好的父母，如果你肯这样认真努力，你一定会为自己争取得到最大的幸福。'”

34 “普拉迪克斯关于赫拉克雷斯受到德行的训诲的故事大致就是这样；只不过他所用的词藻比我适才所用的更为华丽得多罢了。但是无论如何，阿里斯提普斯，你把这些事放在心上，对你当前的生活好好地加以考虑，那是值得的。”

第　二　章

苏格拉底和他的儿子朗普洛克莱之间关于子女对父母的本分的对话（朗普洛克莱曾表示了对于他母亲的不满）。忘恩负义的人应该认为是不义的人，第 1—2 节。一个人受到别人的好处愈大，如果他忘恩负义，他就是个更加不义的人；人所受到的好处没有比子女从父母所受的好处更大的了，第 3—6 节。因此，尽管母亲很严厉，做子女的也应尊敬自己的母亲，因为知道她的严厉是出于仁爱的动机，第 7—12 节。不尽为子之道的罪过是多么大，可以从律法刑罚、人类咒诅不孝之人这件事上看出来，第 13—14 节。

有一天苏格拉底听到他的大儿子朗普洛克莱对他的母亲发脾 1
气。他就对他说道，“我儿，告诉我，你知道有些人被叫做忘恩负义的人吗？”

“当然，”少年人回答道。

“你知道他们因为做了什么事才获得这种恶名吗？”

“我知道，”朗普洛克莱回答道，“忘恩负义这个名字是人们加给那些受了恩惠，自己有力报答，而却不报答的人的。”

“那么，你以为，忘恩负义的人算是不义的人了？”

“是的，我以为如此，”朗普洛克莱回答说。

“那么，你考虑过没有，由于奴役朋友被认为是不义的，而奴役 2
敌人则被认为是义的，是不是对于朋友忘恩负义就是不义的，而对于敌人忘恩负义则是义的呢？”

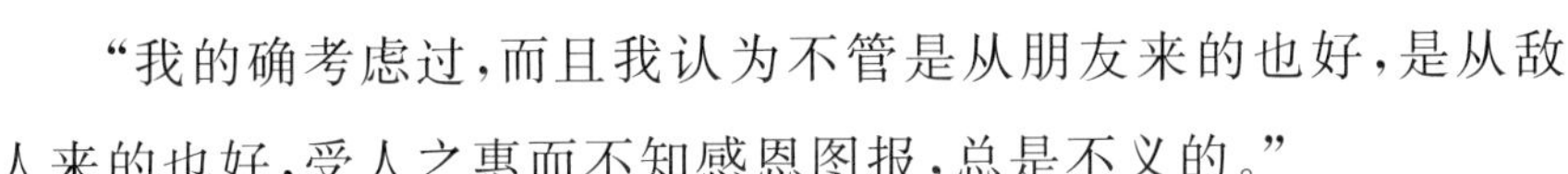

“我的确考虑过，而且我认为不管是从朋友来的也好，是从敌人来的也好，受人之惠而不知感恩图报，总是不义的。”

“既然如此，岂不是就必须把忘恩负义认为是不折不扣的绝对 3
不义的事了吗？”

朗普洛克莱对这表示同意。

“这么一来，受人之惠愈大，不感恩图报的不义也就愈大了？”

朗普洛克莱又表示同意。

“我们看到有谁，”苏格拉底问道，“从别人所受的恩惠有比子女从父母所受的恩惠更多呢？父母使子女从无而变为有，使他们看到这么多美好的事物，分享到神明所赐予人的这么多的福气；这些福气对我们来说都是非常宝贵的，我们无论如何也不愿放弃这些福气。国家之所以对于这种最大的罪处以死刑，就是因为他们

4 相信，非借这种重大的刑罚不足以防止这种不义。当然，你不会认
为，人们生育子女只是为了满足情欲，因为大街小巷满足情欲的娼
寮妓院是很多的；我们所考虑的显然是，什么样的女子能给我们生
育最好的子女，从而我们就和他们结婚生育子嗣。丈夫赡养妻子，
5 并尽可能丰富地为将要生下来的子女提供他所认为对抚养他们有
用的东西。妻子受孕，忍受怀胎的苦痛，不顾生命的危险，把自己的
营养分给胎儿，最后在怀胎足月分娩之后，尽管自己并没有事先得
到任何好处，还是哺育他，看顾他；但婴儿并不知道抚养他的是谁，
也不会向她表示自己的需要，只是做母亲的揣测到什么对婴儿的营
养有益，什么是他所喜欢的，力图满足他的这些要求，长时期地抚养
他，忍受日日夜夜的疲劳，一点也不知道自己会得到什么酬劳。”

6 “父母并不以仅仅抚养子女为满足，而是在子女一开始能够学
习的时候，就把他们所知道对子女生活有用的东西教导他们；如果
他们知道有什么人能够比他们自己更好地传授什么知识，他们就
不惜花费资财把子女送到他们那里受教，总是尽力使子女受到最
好的教育。”

7 对于这些话少年人回答道，“尽管她做了这一切而且做得比这
还多得多，但是，无论谁也忍受不了她的坏脾气。”

“你想，”苏格拉底问道，“野兽的凶暴难以忍受呢，还是母亲的坏脾气难以忍受，哪一个更难忍受些？”

“我以为是母亲的坏脾气更难忍受，”朗普洛克莱回答道，“至少我的母亲是如此。”

“那么，有许多人被野兽所咬伤或踢伤，是不是你的母亲也这样咬过或踢过你呢？”

"我指宙斯神起誓，没有，"朗普洛克莱回答道，"但她说的话是 8
人无论如何都不愿听的。"

"你想一想，自从你是一个很小的小孩以来，日日夜夜，你说过多少抱怨的话，做过多少顶撞的事，叫她心里难过呢？当你生病的时候，又给她带来了多少痛苦呢？"

"但我从来没有说过或做过什么叫她感到蒙羞的事情。"

"难道你以为，"苏格拉底问道，"你听母亲说的话，比悲剧演员 9
在演剧中听到彼此互相对骂的话还更难受吗？"

"但我想，演员们忍受这些对骂是很容易的，因为他们并不以为说坏话的人真有侮辱他们的意思，或说恫吓话的人，真的是在想恫吓他们。"

"那么，你既然清楚地知道，母亲对你说话并没有什么恶意；相反，她倒是愿意你比任何人更幸福，你又何必感到烦恼呢？难道你以为你的母亲对你怀有恶意不成？"

"不是的，"朗普洛克莱回答说，"我并不那么想。"

苏格拉底反问道："你的母亲这样仁慈地待你，当你有病的时 10
候尽力看顾你，使你可以恢复健康，使你所需要的一无所缺，此外，
她还为你向神求福，代你还愿，你还说这样的母亲是一个严厉的母
亲？在我看来，如果这样的母亲还使你忍受不了，那你就是什么好
事都忍受不了了。""告诉我吧，"苏格拉底接着说道，"还有什么别 11
的人是你感到应该尊重的吗？或者是你决心不求任何人的喜悦，
无论是将军或任何其他首领，你都不愿顺服呢？"

"当然不是，"朗普洛克莱回答道。

"那么你愿意使你的邻居对你有好感，在你需要的时候愿意为 12

你点火，在好事上帮助你，当你遭遇意外的时候乐意扶助你吗？”

“是的，我愿意，”朗普洛克莱回答。

“当你在陆地或是在海上和一个人一同旅行的时候，或者随便碰到任何人的时候，你以为你所遇到的人是仇敌或是朋友没有关系吗？或者你以为你应当求得他们的好意呢？”

“我想我应当求得他们的好意。”

13 “你愿意求得这些人的好意，但对于比任何人更爱你的母亲，你倒以为不应当尊重她？难道你不知道国家对于别种形式的忘恩负义并不注意，既不对他们进行起诉，也不管一个人受了别人的恩惠是否感激图报，但对于那些不尊重父母的人却要处以重罚，不许他担任领导的责任，因为认为这样的人不可能很敬虔地为国家献祭，也不会光荣而公正地尽他的其他责任。不仅如此，如果任何人不好好地给他去世的父母修墓，当他做公职候选人的时候，国家还

14 要对这事进行调查呢。所以，我儿，如果你是聪明人，你就应当求神明饶恕你过去不尊重母亲的罪，免得神明把你当作一个忘恩负义的人而不肯施恩于你。你也应当重视别人的意见，免得他们看到你不尽子女的责任，大家都来谴责你，你就成为一个没有朋友的人了；因为人们既然看到你对父母忘恩负义，他们就会这样想：如果他们向你施恩，也一定不会得到你报答。”

第　三　章

苏格拉底听到哈赖丰和哈赖克拉泰斯两兄弟争吵，就用下列论证方式劝说哈赖克拉泰斯要有手足之情。应当把弟兄当作一个朋

友来看待，把他看得比财富更宝贵，第1节。因为财富的持有者没有朋友，财富就是靠不住的东西，第2—3节。兄弟友爱是自然所规定的：有兄弟的人比没有兄弟的人更受人的尊敬，第4节。即使弟兄对我们有恶感，我们仍应当努力同他和解，第5—9节。怎样能使这样的和解获得成功，第10—14节。弟弟比哥哥更应努力和解，兄弟的品质愈高贵，和他和解也就愈容易，第15—17节。弟兄应当彼此同心协力，就像同一个身体的不同肢体一样，第18、19节。

苏格拉底看到哈赖丰和哈赖克拉泰斯，他所熟悉的两兄弟彼 1
此不和。在遇到哈赖克拉泰斯的时候，苏格拉底就对他说，"哈赖克拉泰斯，我想你一定不是一个把财富看得比弟兄更宝贵的人吧？财富是没有知觉的东西，弟兄是有知觉的，财富需要保护，弟兄能
够提供保护，除此以外，财富是很多的，但弟兄只有一个。奇怪的 2
是，一个人竟会因不能得到弟兄的产业而把弟兄看作是对自己有害的人，但他并不因为不能得到同国人的产业而认为同国的人对他有害，而是处于后一种情况下的时候他能够这样的推想：和许多人共同生活在一个社会里，能够安全地享用小康的资财，比拥有全国人的财产而独自生活于危险恐怖之中要好，可是对于弟兄，他们
并不如此想。还有，那些有力量的人还购买奴仆来和他们一同工 3
作，结交朋友以便在需要的时候能帮助他们，但却不重视自己的弟
兄，仿佛全国人都可以做朋友，惟独弟兄不可以似的，其实，由同一 4
父母所生，一齐长大成人，应该更有利于发展友谊，因为就连在共同哺育起来的禽兽之间，尚且有友爱之情。除了这些考虑之外，对于有弟兄的人，人们总是更多地尊重，而更少地侵害他们。"

哈赖克拉泰斯回答道，"苏格拉底，如果我们之间的分歧不大， 5

也许我就应该对我的弟兄有耐心，不让一些小事来使我们分离；因为正如你所说的，弟兄是一份宝贵的产业，如果做弟兄的所作所为，真正是这样的话。但如果一个弟兄的所作所为并非如此，而是恰好相反，那又何必强求不可能的事呢？”

6 “哈赖克拉泰斯，”苏格拉底问道，“是不是每个人都像你这样，认为哈赖丰是一个很讨厌的人呢？是不是有些人还认为他很和蔼可亲呢？”

“啊，苏格拉底，”哈赖克拉泰斯回答道，“我之所以恨他，正是因为这个缘故：他对别人倒很友好，唯独对于我，每逢他到我跟前的时候，无论是说话行事，总是没有帮助而只有害处。”

7 “那么，是不是有这样的情况呢？”苏格拉底对他说，“如果你不知道应该怎样对待一匹马而去想驾御它，它就会加害于你，一个弟兄也是如此。如果你不知道应该怎样对待一个弟兄，他就会叫你感到受损害？”

8 哈赖克拉泰斯回答道，“别人对我说好话，我知道怎样用好话回答他，别人向我做一件好事，我知道怎么以好事回报他，我怎么不知道怎样对自己的弟兄呢？但是对于一个只想用言语和行动伤害我的人，我就不可能对他说好话，也不可能好好地对待他，而且我也不会试图这样做的。”

9 “哈赖克拉泰斯，”苏格拉底说道，“你说话真奇怪，你的一只狗给你看羊，向你的牧人摇尾巴，但当你走近它的时候它会狺狺地向你叫起来，但你并不会向它生气，而倒是用好意来驯服它；至于你的弟兄，尽管你承认如果他尽他的本分，会对你有很大的好处，尽管你承认你知道怎样用好的言语和好的行为对待他，但你却连尝试一下，设法使他对你有最大的好处都不肯。”

哈赖克拉泰斯说道，“苏格拉底，我怕我没有那样的智慧，可以 10
使哈赖丰对我好起来。”

“但我认为，”苏格拉底回答道，“并不需要用什么特别新奇的方法来对待他，只要用你所已经知道的方法就可以赢得他，使他对你有好感了。”

“如果你看到我有什么魔力，是我自己所还不知道的，那么就 11
请你先告诉我吧！”哈赖克拉泰斯说。

“那就请你告诉我吧，”苏格拉底说，“如果你要一个你所认识的人在他献祭的时候，请你去吃饭，你应该怎么办？”

“当然，我会在我献祭的时候，首先请他来吃饭。”

“如果你想说服一个朋友，使他在你出门的时候代你照管家 12
务，你应该怎么办？”

“当然，我会首先在他出门的时候，代他照管他的家务。”

“如果你想使一个外国朋友，在你访问他的国家的时候，好好 13
地款待你，你应该怎么办？”

“很显然，当他来到雅典的时候，我首先会好好地款待他。而且，如果我希望他热诚地帮我完成我到他的国家去所要办的事情，我就应该首先同样地对待他。”

“看来你是具有各式各样的魔力的，不过你一直把它藏着罢 14
了，是不是你害怕，”苏格拉底接下去说道，“如果你首先向你的弟兄这样表示好意，就有失自己的身份呢？然而，人们对于那些对敌人首先下手，对朋友首先施惠的人，都认为是应受最大的称赞的，所以，如果我以为哈赖丰比你更能首先表示这种心情的话，我就会说服他首先向你表示这种友爱之情了，但是现在按情况看来，如果你首先带头，事情更有成功的希望。”

15 哈赖克拉泰斯说道，“苏格拉底，你说话真不讲情理，我没有料到你竟会说这样的话；我是个弟弟，你却要我带头，一般人的看法都和这正相反，无论说话行事，都应该由年长的先带头。”

16 “怎么，”苏格拉底问道，“无论什么地方，难道一般的习惯不都是当年轻人和年长的人在路上相遇的时候，年轻的人总应该首先让路吗？难道不是年轻人应该向年长的人让座，把软席让给年长的人，讲话时让年长的先开口？所以，我的好朋友，不必犹疑了，努力和你的哥哥和解罢，他很快会听从你的。你难道看不出他是一个非常爱好荣誉而且心地坦率的人吗？卑鄙的人，你只要给他点什么，就可以博得他的欢心。但对于一个体面的贤者，说服他的最好的办法就是以善意相待。”

17 “如果我照你的办法做，得不到好的效果怎么办？”哈赖克拉泰斯问道。

“如果是那样，你所冒的风险也不过是证明你是一个正直而有
兄弟之情的人，他是一个卑鄙而不配受尊重的人罢了，但我深信不
会有这样的结果的，因为我想，当他一发现你是在这方面和他竞赛
18 短长的时候，他一定会以极其争强的心情，在言语和行为方面超过
你的好意的。照目前的情况来说，你们两人就仿佛两只手一样，本
来是神明造来互相帮助的，却忽略了自己的本分而互相妨碍起来；
又好像两只脚一样，本是神意造出来互相合作的，却放弃了这种职
19 守，而彼此别扭起来了，把本来是为了我们的益处而造的东西用来
加害我们自己，岂不是很大的愚昧和不幸吗？其实，依我看来，神

明造弟兄彼此相助，比手、足、眼睛或其他成对的肢体对人的好处要大多了；因为双手不能同时做相距一托长[①]以外的事情；双足不能同时跨在相距一托长的东西上；至于两只眼睛，虽然似乎能看得很远，但如果两件东西虽然距离很近，一个在前，一个在后，就不能同时看见了；惟独兄弟，只要他们彼此友爱的话，不管距离多远，也能同心协力，互相帮助。”

第　四　章

论友谊的价值。许多人想求得财富胜于想结交朋友，第 1—4 节。但任何一种财富都不能比朋友更有价值、更持久、更有用：列举朋友的品质，第 5—7 节。

有一次我听到他作关于朋友的演讲，在我看来，这篇演讲无论 1
是在关于结交朋友方面或是在关于朋友的用处方面，对人的帮助
都很大。他说，他曾听许多人讲，一个真心忠实的朋友比一切财富
更宝贵，但他所看到的绝大多数人，都在结交朋友一事上，非常不 2
当心。他说，我看到他们勤勤恳恳地想方设法购买房屋、田地、奴
隶、牛羊和家具；至于朋友，尽管他们说是人的最大的福气，但大多
数人既不关心怎样结交新朋友，也不注意怎样保住他们所已有的
朋友。他说，当朋友和奴隶一同患病的时候，他所看到的是，人们 3
总是请医生来看他们的奴隶，想方设法使他们恢复健康，但他对于

① 原文ὀργυιᾶς一托长，希腊量度名，约合 6 市尺。——译者

他们的朋友却不闻不问；如果这两者都死亡的话，人们也只是为他
们的奴隶悲伤，认为自己蒙受了损失，至于损失朋友，却认为算不
了什么。他们的别的财物，没有一样他们不是好好看顾照管的，但
4 当他们的朋友需要看顾的时候，他们却一点也不加过问。除此以
外，他还说他看到大多数人，对于他们的其他财富，尽管数目很大，
也很熟悉，但对于朋友，尽管数目很小，不仅不知道有多少，而且在
有人问到他们，他们试图加以计算的时候，还把从前认为朋友的人
5 弃置不算，他们不把朋友放在心上，从此可见一斑。但如果把朋友
和所有其他的财富比较起来，一个好朋友岂不是更有价值得多吗？
有什么马，什么耕牛，能抵得上一个真正好的朋友那样有用呢？有
什么奴仆是像朋友那样的好心肠，或富于友爱呢？有什么其他的
6 财富是像朋友那样有益呢？因为一个好的朋友对于他的朋友，无
论是他个人的私务，或是他在公共职守方面，不管缺少什么都很关
心。当朋友需要照顾的时候，他总是提供自己的资财来帮助他；当
朋友受到威胁的时候，他总会加以救援并分担费用，同心协力，帮
助说服，甚至以强力压服对方。当朋友顺利的时候他就鼓舞他，要
7 跌倒的时候就扶持他。凡是一个人的手所能操作的，眼睛所能预
先看到的，耳朵所能听见的，脚所能完成的，没有一件事他的朋友
不会为他做好的；而且还经常有这样的情况：一个人所没有为自己
完成的，或者没有看到的，或者没有听到的，或者没有完成的，他的
朋友都为他做到了①。然而，尽管人们为了吃果子而栽种果树，绝

① “而且还经常有这样的情况……他的朋友都为他做到了”这一段娄卜丛书 E. C. Marchant 译本漏译。——译者

大多数的人对于他们所有的叫做朋友的最丰厚的财宝，却不知加以培植和爱护。

第　五　章

论对于不同的朋友应有的不同的评价。人们应当进行自我检查，确定自己在朋友心目中应当得到什么样的评价。

有一次我听到他的另一篇谈话，我以为这是他劝勉听者进行 1
自我检查，看看自己对于朋友究竟有多大价值。他注意到了一个和他交游的人有一个朋友处境穷困，但这个人却不加闻问，他就当着这个忽视朋友需要的人以及其他几个人的面问安提斯泰尼斯
道："安提斯泰尼斯，朋友是不是也像奴隶一样，有其固定的价值？ 2
因为有的朋友也许值两姆纳[①]，另一个却连半姆纳也不值，而另一个可能值五姆纳，另一个值十姆纳。尼凯拉特斯的儿子尼克阿斯据说曾经为了购买一个给他经管银矿的人付上了整整一塔连得[②]的银子。所以让我们研究一下，是不是正像奴隶有一定的价值一样，朋友也有其一定的价值。"

"的确如此，"安提斯泰尼斯回答道，"至少就我来说，我就宁愿 3
得某一人为我的朋友而不愿得二姆纳；另一个人我可能认为连半姆纳也不值；另一个人我可能认为比十姆纳更宝贵；而另一个人我可能不惜牺牲一切金钱，费尽一切力量来争取他为我的朋友。"

① 姆纳，古希腊银币名，一姆纳等于100德拉克姆，又衡量名。——译者

② 塔连得，古希腊衡量名，一塔连得银子等于60姆纳。——译者

4 “如果情况是这样的话，那么，”苏格拉底说道，“我们每一个人
就都值得检查一下，看看自己对于朋友具有怎样的价值了。而且，
每一个人都应当力图使自己对朋友有尽可能多的价值，免得朋友
把他抛弃了。因我常常听见有人说，他的朋友把他抛弃了，也有人
5 说，他所以为是他的朋友的人，竟为了要得到一姆纳而不要他了。
因此，对于这一切我是这样考虑的，是不是正像一个人不管能得到
多少钱都情愿把一个无用的奴隶脱手一样，人们也同样容易在能
够得到更多价值的时候，把一个没有价值的朋友抛掉。我从来没
有看到过人肯把一个有用的奴隶卖掉，同样，好朋友也不会被人抛
弃。”

第　六　章

应当挑选什么样的人做朋友，第 1—5 节。在没有结交朋友以前，如何确定人的品格，第 6—7 节。怎样联络朋友，第 8—13 节。友谊只能存在于善良而高尚的人们之间，第 14—19 节。在这样的人之间尽管有意见的不同，友谊却仍能继续存在下去，第 19—28 节。由上述言论所得到的推论，第 29—39 节。

1 我以为，由于在以下的谈话里，他劝人在结交朋友时要试验这个人有什么值得结交的价值，他的言论是很足以发人深省的。

“告诉我吧，克里托布洛斯，”他说，“如果我们需要一个好朋友，我们应当怎样去找？首先，我们岂不是应当找一个能够控制自己的口腹之欲、控制对于杯中之物的嗜好、色欲、睡眠和贪懒的心情的人吗？因为凡受这一类事制服的人，无论对自己或朋友，都不

能尽当尽的责任。”

“当然不能，”克里托布洛斯回答。

“那么，你以为我们应该避免那些受制于这类嗜好的人了？”

“绝对应当避免，”克里托布洛斯回答。

“那么，那些凡事浪费，漫无节制，不能自给，总是需要邻居帮 2
助的人，借了债不能还，借不到手就怨恨那些不肯借给他的人，你想这样的人是不是危险的朋友呢？”

“肯定是，”克里托布洛斯回答。

“那么，我们必须避免这样的人了？”

“的确必须避免。”

“还有一种人，非常精于生意经，总是贪求多占便宜，因此，很 3
难共处，喜欢收进，而不愿意付出，这样的人怎么样呢？”

“在我看来，这样的人比前一种人更坏，”克里托布洛斯回答。

“另一种人怎样呢？他善于经营，甚至除了想到从哪里可以得 4
利以外，连别的闲暇工夫都没有。”

“我想我们也必须避开他，因为和这样的人结交是没有好处的。”

“对于那爱好争吵，会动不动给朋友带来大量敌人的人应当怎样呢？”

“当然，我们也必须避开他。”

“如果有这样一种人，他这些缺点全都没有，但只知接受别人的恩惠，从来也不想回报，怎么样？”

“结交这样的人也没有好处。但是，苏格拉底，我们应当努力结交什么样的人呢？”

5 “我想是和这些人正相反的那种人。他能控制自己的情欲，和人打交道忠诚公正，受了人的恩惠一定要报恩，结交这样的人是有好处的。”

6 “苏格拉底，在我们没有和他结交以前，怎样试验他的这些品格呢？”

“我们试验一个雕刻家，”苏格拉底回答道，“并不是凭他的话来判断，而是根据他过去所雕塑的美好的人像，我们相信，他以后所雕刻的也一定会是好的。”

7 “那么，你的意思是说，对待过去的朋友好的人，显然也会对待未来的朋友好？”

“是的，因为我知道一个养马的人，如果对待过去的马是好的，我想他以后对待别的马也一定会是好的。”

8 “就算是这样吧，”克里托布洛斯说道，“但对于那看来值得结交为朋友的人，我们怎样使他成为我们的朋友呢？”

“首先，”苏格拉底回答道，“我们应当求问神，看神的意思是不是劝我们和他交朋友。”

“那么，请你告诉我，”克里托布洛斯问道，“我们所认为可以结交而神明又不反对的人，怎样才能获得他的友谊呢？”

9 “当然，获得友谊不可能像猎取兔子那样用穷追的办法，也不可能像捕鸟那样用诱擒的办法，也不可能像对待敌人那样使用暴力，违反一个人的意愿而想使他成为你的朋友是很难的，你很难把一个朋友囚禁起来像一个奴隶那样，因为那么一来，受这样待遇的人不会成为你的朋友而倒要成为你的敌人了。”

10 “那么，朋友是怎样得来的呢？”

“据说,有种符咒,那些会念这些符咒的人,喜欢要谁做他们的朋友就可以使谁做他们的朋友。还有种‘爱药’(φίλτρα),那些会用这种药的人,随便把这种药用在谁的身上就可以使谁爱上自己。”

“我们怎能学会这些呢?” 11

“你听说过荷马曾经讲过海妖唱了什么歌迷惑[1]俄底修斯的事吧。歌的起头是这样的:

‘来呀,到这里来呀,广受赞美的俄底修斯,亚该亚人的伟大的光荣。’”[1]

“女妖是不是也向别人唱同样的歌曲,苏格拉底,从而令他们着迷不能离开她们呢?”

“不,她们只向那些追求德行的光荣的人才这样唱。” 12

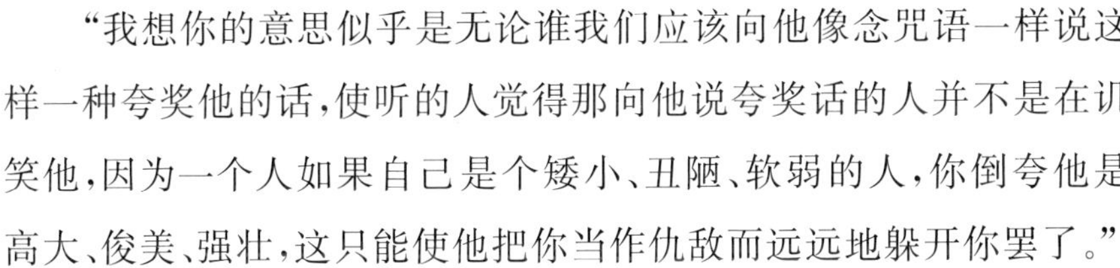

“我想你的意思似乎是无论谁我们应该向他像念咒语一样说这样一种夸奖他的话,使听的人觉得那向他说夸奖话的人并不是在讥笑他,因为一个人如果自己是个矮小、丑陋、软弱的人,你倒夸他是高大、俊美、强壮,这只能使他把你当作仇敌而远远地躲开你罢了。”

“但你是不是还知道什么别的咒语呢?”[2]

“不,但我听说白里克里斯知道得很多,他曾向国民念了这些咒语,使他们都爱他。” 13

① 《俄底修斯》,xii,184。——译者

② 外国译者对这一节的理解各有不同:J. S. Watson 的英译本和 Johannes Irmscher 的德译本都把它当作是克里托布洛斯一个人的话,E. C. Marchant 的英译本则把“我想……讥笑他”当作是克里托布洛斯的话,“因为……罢了”是苏格拉底的话,“但你……咒语呢?”又是克里托布洛斯的话。但如译成两个人的话,势必要加上一些原文所没有的词才能读得通顺,如 Marchant 就在“因为……罢了”之前加了一个“yes,”Watson 则在“但你是不是还知道什么别的咒语呢”里插进了“added Cristobulus”。——译者

“赛米斯托克勒斯[①]是怎样使国民爱他的呢?”

“我敢指宙斯神起誓,他绝不是用念咒语的办法,而是向国民行了对他们有好处的事情。”

14 “苏格拉底,我想你的意思是,如果我们想得到好人做我们的朋友,我们自己就必须在言语和行为两方面都要好。”

“你以为,”苏格拉底说道,“一个坏人能得好人做自己的朋友吗?”

15 “我看见过,”克里托布洛斯回答道,“低能的演说家却和好的演说家做了朋友,不好的战略家却成了有名的军事家的朋友。”

16 “谈到我们现在讨论的这个题目,你是不是知道有什么无用的人成了有用的人的朋友呢?”

“我指宙斯神起誓,不知道,”克里托布洛斯回答说,“不过,既然坏人不可能和好人交朋友,那么请你告诉我,是不是高尚而善良的人就很容易和高尚而善良的人结交成朋友呢?”

17 “使你感到困惑的是,克里托布洛斯,你常常看到那些行为高尚,不愿做可耻事情的人,彼此不但不能成为朋友,却反倒互相争吵不休,他们彼此间的仇恨,甚至比那些下流的人更甚。”

18 “这样的事还不仅以个人为限,”克里托布洛斯说道,“甚至整个的城邦,尽管他们都非常重视德行并憎恨可耻的事情,但彼此之
19 间却是互相仇恨着。当我想到这些事的时候,我就对交朋友感到非常失望,因为我看坏人与坏人是不能成为朋友的,因为那些忘恩

① 赛米斯托克勒斯是雅典的著名将领,曾在撒拉米战役中战胜了波斯人,受到雅典人的爱戴。——译者

负义、轻率鲁莽、自私自利、毫无信义、毫无节制的人怎能彼此交成
朋友呢？其实，在我看来，与其说坏人和坏人能交成朋友，倒不如
说他们是天生互相为敌的。其次，正如你所说的，下流人和正直的 20
人也是交不成朋友的，因为经常做坏事的人怎能和那些憎恨这样
事的人做朋友呢？还有，就连那些有德行的人也因在社会国家里
争夺领导地位而互相仇恨，谁还能成为朋友、什么样的人中才能找
到友爱和信义呢？”

“但是，克里托布洛斯，”苏格拉底说道，“这些事的情况是很复 21
杂的，人们天性有友爱的性情：他们彼此需要，彼此同情，为共同的
利益而通力合作，由于他们都意识到这种情况，所以他们就有互相
感激的心情；但人们也有一种敌对的倾向。因为那些以同样对象
为美好可喜的人们，会因此而竞争起来，由于意见分歧就成了仇
敌。纷争和恼怒导向战争，贪得无厌导向敌视，嫉妒导向仇恨。尽 22
管有这么多的障碍，友谊仍然能够迂回曲折地出现，把那些高尚善
良的人们联系在一起；因为这样的人是热爱德行的，他们认为享受
一种没有竞争的小康生活，比通过战争而称霸一切更好；他们情愿
自己忍受饥渴的苦痛，和别人分享面包和饮料；尽管他们也酷爱美
色，却能毅然控制住自己不去得罪那些他们所不应得罪的人。他 23
们屏除贪欲，不仅能以依法分给他们的产业为满足，而且还能彼此
帮助；他们能彼此排除分歧，不仅使彼此都不感到苦痛，还能对彼
此都有好处。他们能够防止怒气，不致因发怒而产生后悔；他们也
能完全排除嫉妒，认为自己的财产也就是朋友的，而同时把朋友的
财产认为也就是自己的。因此，高尚而善良的人们共同享受政治 24
上的荣誉，不仅彼此无损，而且还对彼此都有好处，岂不就是很自

然的事了吗？那些为了便于盗窃公款、强暴待人，度一种安逸享乐
的生活而贪图在城邦里享受荣誉和占据高位的人，都是些不义和
25 无耻之徒，是不可能和别人和睦共处的。但是，如果一个人希望在
城邦获得荣誉，不仅是为了使自己不做不法行为的牺牲品，同时也
是为了在正义的事上对朋友有所帮助，并且使自己在执政期间能
够为祖国做一些有益的事情，他自己既然具有这样的心情，为什么
不可以和与自己有同样心情的人结交为亲密的朋友呢？难道他和
那些高尚而善良的人们结交会妨碍自己帮助自己的朋友吗？或者
是在得到了那些高尚而善良的人们的合作之后反而会使自己对国
26 家不能有所贡献吗？即使在公共竞技中，很明显，如果让那些最强
有力的人联合起来攻击比较软弱的人，他们就会在一切竞赛中取
得胜利而夺去所有的奖品；因此，在这样的竞赛里人们是不容许这
样做的；但是，在政治方面，高尚而善良的人们是占着优势的，如果
有人为了对国家有所贡献而愿意和任何人联合起来，是不会有人
加以阻止的；和最好的人结交为朋友，以他们为在事业上的同志与
同工，而不是作为仇敌，怎能对于治理国家没有好处呢？而且，同
27 样明显的是，如果某人和某人作战，他就需要同盟者，如果他的对
手是高尚而善良的人，他还需要更多的同盟者；对于那些愿意做他
的同盟者的人，他必须优待他们，使他们甘心情愿地奋发努力；优
待那些人数较少的最有德行的人比优待那些人数众多的下流人要
好得多，因为下流人总是比正直的人要求更多的优待的。”

28 “但是，”苏格拉底接下去说道，“克里托布洛斯，你当鼓足勇
气，努力成为有德行的人，在你自己成了有德行的人之后，还要尽
力和那些高尚而有德行的人结交为朋友。由于我自己热爱交朋

友，也许我能在追求和高尚而有德行的人交友这件事上对你有所帮助。因为对于我所爱中的人，不管是谁，我总是尽我的全心热爱他们，并且非常渴望他们也以同样的热爱回报我，我渴想他们，同时希望他们也同样渴想我，我渴望和他们聚首一处，同时希望他们
也同样渴望和我聚首一处。我知道当你和任何人结交为朋友的时 29
候，你必定也希望培养这样的感情。所以，不要向我隐瞒你希望和谁交友，由于我对于所有讨我喜欢的人，我总是想方设法讨他们的喜欢，因此，我想我在和人交友这方面并不是没有经验的。”

“的确，苏格拉底，”克里托布洛斯回答道，“我早就盼望能够聆 30
取像你这样的教诲了，尤其是如果这种知识会有助于我结交那些心地善良而又容貌俊美的人们。”

“但是，克里托布洛斯，”苏格拉底说道，“在我所传授的本领里 31
并不包含向那些容貌俊美的人[①]动手，迫使他们顺服这种本领，因为我相信人们之所以远避斯库拉[②]，正是因为她向他们动手，而人们却说，每个人都愿意听海妖们的歌声，而且听着听着就着迷了，因为海妖们并不向人动手，而是从远处向所有的人歌唱。”[③]

“我是不会向任何人动手的，”克里托布洛斯说道，“请你把结 32
交朋友的方法告诉我吧。”

“你不会用嘴唇向他们接吻吗？”苏格拉底问道。

① 苏格拉底在这里所说的容貌俊美的人具有双重含义，一方面是指身体俊美说的，但更主要的是指具有美好德行的人而言。——译者

② 斯库拉是海怪名，她有六个头，十二只脚，每当有船驶近她的时候，她会一下子攫取 6 个人，把他们活活地吞下。——译者

③ 《俄底修斯》xii 39 节以下。——译者

“你放心吧，”克里托布洛斯回答道，“除非那个人容貌非常俊美，否则我是不会向任何人接吻的。”

“克里托布洛斯，这和你所说希望完成的目的恰好相反，”苏格拉底说道，“因为容貌俊美的人是不会容许这样轻举妄动的，只有那些容貌丑陋的人才会乐于顺从，他们以为人家这样待他们是把他们内心之美算做容貌之美。”

33 “我爱容貌俊美的人，但我更加倍地爱那内心俊美的人，所以，请放心，把结交朋友的本领传授给我吧！”

“好吧，克里托布洛斯，”苏格拉底道，“当你想和任何人交朋友的时候，你是不是肯让我向他说，你很钦佩他，愿意和他做朋友呢？”

“你只管这样和他说，”克里托布洛斯回答道，“因为我从来还
34 不曾知道有什么人不喜欢人家夸奖他哩。”

“如果我接着向他说，由于你钦佩他，所以你对他很有好感，那么，你也不会以为我是在说你的坏话吧？”

“绝对不会，当我认为别人对我怀好感时，我想他们也会发生好感的。”

35 苏格拉底说道：“那么，你是让我向你所愿意结交的朋友说这样的话了。除此以外，如果你也让我告诉他们：你非常关心你的朋友；没有什么比结交好朋友更使你高兴的；你以朋友的美好成就为夸耀，就像是自己的成就一样；你以朋友的好运气为喜悦，就像是自己的好运气一样；你总是不知疲倦地为朋友的好处着想；你以为，善待朋友胜于朋友善待自己，伤害敌人胜于敌人伤害自己，正是一个人的美德；我想我就可以在结交好朋友这方面对你有所帮助了。”

36 “但是，”克里托布洛斯问道，“你为什么向我说这样的话，竟好像你没有随意谈论我的自由呢？”

“我指宙斯神起誓，”苏格拉底回答道，“根据我有一次从阿斯帕西亚斯[①]所听来的一句话；这样的自由我是没有的，她说：好的媒人按真实情况介绍双方的美好品德，对于引导双方的结合会起很大的影响，但那些说谎话的媒人，他们所说的称赞的话是不会有好处的，因为那些受了欺骗的人，不仅彼此互相憎恨，而且也同样憎恨做媒的人。我认为这个意见是正确的，因此，我想当我称赞你的时候，我不能说任何一句不真实的话。”

“我看你正是这样的一个朋友，”克里托布洛斯回答道，“如果 37
我有结交朋友的资格，你就会帮助我，但是如果我没有这种资格，
那么，你是不会编造出什么话来帮助的。”

“克里托布洛斯，”苏格拉底问道，“你想我怎样能对你帮助得
最好，是用虚伪的赞辞来夸奖你呢，或者是通过劝勉，使你成为一 38
个真正的好人呢？如果这一点对你还不清楚，那么就请你根据以
下的情况来考虑一下。如果我想使一位船主做你的朋友，我就在
他面前虚伪地夸奖你，说你是一个好的舵手，而他，相信了我的话，
就把他的船只交给你行驶，而其实你并不会驶船，你想你能够有希
望幸免于船破身亡吗？或者假设我以欺骗的手段，公开说服城邦
人民相信你是一个战略家、法律家和政治家，以致他们把国家大事
交在你的手里，你想城邦和你自己会遭受怎样的祸害呢？或者，如
果在私人交往中，由于我的毫无根据的陈述，诱惑了一些公民把他
们的财产交托你看管，而当你应该证明自己的本领的时候，却被宣 39

① 阿斯帕西亚斯是白里克里斯的情妇。——译者

告犯了欺诈的罪，岂不是使自己显得有害而且可笑吗？然而，克里托布洛斯，如果你在什么事上希望人家认你为好，你就应当努力在那桩事上真正是好，这才是最敏捷、最安全、最美好的办法，任何人间所称为美德的东西，经过一番考虑你就会看出，都是可以通过学习和实践来增进的。我以为，我们之所以要努力获得[①]朋友，正是以这些意见为根据；如果你知道还有什么别的办法，那就请指教吧。”

“哦，苏格拉底，”克里托布洛斯回答道，“如果对这样的话还会提出什么反对的意见，那我真就要惭愧死了；因为那样一来，我所说的就将是一些既不光荣也不诚实的话了。”

第七章

苏格拉底努力教导和劝勉他的朋友们通过相互支援，减轻朋友的需要。在这一章里特别指出，任何受过高等教育的人，当他为贫乏所困的时候，都可以光荣地运用自己的才能和成就而自力更生。

1 他努力通过劝导来帮助他的朋友解决由于无知而产生的困难；通过忠告他们根据自己的财力互相帮助来解决由于贫乏而产生的困难。关于这一点，我将把我所知道他的事讲述出来。

有一次当他看到阿里斯托哈斯[②]面带愁容的时候说道：“阿里

① 娄卜古典丛书，这里原文是 Θηρᾶν 该书编者认为不正确，是一个抄本凭臆测而增补进去的，R. D. C. Robbins 的注释本是 Θηρᾶσθαι，两者都是从 Θηράω（追求）变化而来。——译者

② 阿里斯托哈斯，此人生平不详。——译者

斯托哈斯，看来你的心里似乎有什么心事，但是你把你的负担告诉你的朋友们，也许我们可以设法给你减轻一些。”

“的确，苏格拉底，”阿里斯托哈斯回答道，“我有很大的困苦， 2
自从城里发生革命[①]以来，许多人都逃到裴拉伊阿去了。我的幸存的姊妹、侄女、表兄弟等很多人都逃到我这里来了，现在在我家里单是自由人就有十四个，同时，我们从田地里毫无所得，因为都被敌人霸占去了。房子也拿不到租金，因为城里的居民已寥寥无几了，没有人肯买我们的家具，任何地方也借不到钱。真的，我以为一个人如果想要借钱，还不如到马路上去抢倒更快一些呢。所以，让自己的亲人死去，对我来说是很痛苦的，但在这种情形下，想要维持这么许多人的生活，我又不可能。”

当苏格拉底听到这话时就回答道：“你看那边的凯拉蒙，虽然 3
也有许多人要养活，怎么除了供给自己和他们的必需品以外，还能积蓄更多的钱，使自己成为一个殷实的富户，而你，也同样要养活许多人，却怕大家都一齐饿死呢？”

“当然，”阿里斯托哈斯回答道，“因为他所养活的是奴隶，而我所要养活的却是自由人。”

苏格拉底问道：“你想这两种人中哪一种更好，是你的自由人 4
呢，还是凯拉蒙的奴隶？”

“我想是我的自由人更好。”

“那么，和他在一起的比和你在一起的人不好反倒富有，而你和你的更好的人反倒有困难，这岂不是很可耻的事吗？”

① 指裴洛帕奈西（现译伯罗奔尼撒）战争末期雅典所发生的革命。——译者

“的确如此，但他所要养活的是些手艺人，而我所要养活的却是些有教养的自由人。”

5 “那么，手艺人就是一些知道怎样制造有用的东西的人吧？”苏格拉底问道。

“当然。”

“大麦片是有用的吗？”

“非常有用。”

“面包怎么样呢？”

“用处也不小。”

“男人和女人的上衣、衬衫、斗篷和背心怎么样呢？”

“所有这一切东西也都非常有用。”

“难道那些和你同居的人们连这些东西中的任何一样都不会做吗？”

“我相信所有这些东西他们都会做。”

6 “难道你不知道那欧西库代司单凭做这些东西中的一种，即大麦片，就不仅维持了他自己和他的家属，而且还饲养了一大群猪和牛，他所赚得的远超过他所需用的，从而使他能够常常吃自己的饭替城邦干活，难道你不知道库瑞博斯单凭做面包就养活了他的全家，而且生活得丰丰足足，卡鲁托斯人[1]，戴米阿斯凭着制造斗篷，梅农[2]凭着制造绒线上衣，大多数的梅格拉人[3]凭着制造背心也都生活得很好么。”

---

① 指雅典市东部卡鲁托斯区的居民而言。——译者

② 绒线上衣是雅典市民所着的一种高贵服装。——译者

③ 指梅格拉城的居民。——译者

“的确，他们生活得很好；因为他们蓄养买来的洋奴，可以任意强迫他们做他们所喜欢的事，而和我在一起的却是些自由人和亲属。”

“那么，因为他们是自由人而且是你的亲属，你以为他们就应 7
该无所事事而只是吃吃睡睡吗？你看到其他度这样生活的自由人
比那些从事他们知道对于生活有用的工艺的人们生活得更愉快更
幸福吗？你以为懒惰和粗心在帮助人学会他们所应该知道的事并
把他们所学得的记住，在保持身体健康结实，在获致并保持对于生
活有益的事物方面对于人类是有益的，而勤劳和谨慎却是毫无用 8
处吗？至于你说他们会做的那些手艺，他们是把它们当作对于生
活毫无用处的东西，而且从来也不打算对任何一桩加以应用而学
习的呢，还是他们有意思从事这些工作，想借它们获得好处呢？哪
一种情况会使人更贤明，是饱食终日无所用心呢，还是从事有益的
活动？哪一种情况会使人更正直，是工作呢，还是游手好闲地一心
贪图打算购买生活必需品呢？照目前的情况看来，我想你既不爱 9
你的亲属，他们也不爱你；因为你觉得他们对于你是个重担，而他
们也感到你厌烦他们，危险在于这种情况可能越来越厉害，以致从
前的友爱之情逐渐减少；但如果你指挥他们，使他们从事工作，那
么，当你看到他们对你有好处的时候，你就会喜欢他们，当他们看
到你对他们满意的时候，他们也就会喜欢你了。当你们都以欢乐
的心情回忆过去的友谊时，由此而产生的友爱就会更为增加，从而
你们就会更加友好，更加和睦相处了。当然，如果他们是去做不光 10
荣的事情，那倒不如死了更好，但事实是，他们所会做的事情看来
乃是最光荣而又最适于妇女们做的事情，凡是人们会做的事情，做

起来总是最容易，最迅速，最美好，而且最高兴。因此，不要再迟延了，赶快叫他们去做这种对你和他们都极有益的事吧，他们一定会以欢喜的心情依照你所指示的去做的。”

11 阿里斯托哈斯说，“的确，苏格拉底，我看你的忠告非常美好。过去我是不喜欢借钱的，因为知道当我把借来的钱花完的时候，我将无法偿还人家，但现在为了获得必要的资金以便开始工作起来，我想我是可以这样做的了。”

12 结果，必要的资金凑足了，羊毛也买来了。妇女们吃午饭的时候一边工作一边吃饭，只是在收工以后才吃晚饭。她们兴致勃勃，脸上不再带愁容了，过去的互相嫉视变成笑脸相迎了。她们热爱阿里斯托哈斯，把他当作自己的保护人，阿里斯托哈斯也因为她们有用而很爱她们。阿里斯托哈斯终于来到了苏格拉底跟前，把他家中的这种欢欣鼓舞的情况告诉了他。并说，妇女们认为遗憾的事，就是唯有他自己还在吃白饭。

13 “那么，为什么不把狗的故事讲给她们听呢？”苏格拉底问道，“据说从前有一个时候兽类都会说话，一只羊对它的主人说道：‘你这个人做事真古怪，我们给你提供羊毛、羊羔和奶酪，但除了我们从田里所得到的以外，你却什么都不给我们，而狗呢，什么也不能
14 给你提供，你却把自己的食物分给它。’当狗听到这些话的时候说道：‘我指宙斯起誓，的确如此，难道不是我保护了你们免受盗贼的偷窃和豺狼的掠夺吗？如果不是我在保护你们，恐怕你们由于生命朝不保夕将惴惴不安地连饭也吃不成了。’据说，因此所有的羊就一致承认了狗应享有优先权。同样，你也可以告诉你的亲眷们说，你所处的就是狗的地位，是她们的监视者和保护人，正是由于

有了你，她们才能够平安无虑，毫无困难地进行工作。”

第　八　章

苏格拉底劝说当雇工的犹泰鲁斯，要他找一种比较适当的工作，因为他目前的工作对像他这样大年纪的人不合适，并建议他到一个有钱的人家去做管家。犹泰鲁斯不同意，说他不愿意向一个主人负责，苏格拉底对他加以反驳，说世界上没有不负责任的工作。

有一次苏格拉底看到一个多年未见的老朋友时说道：“犹泰鲁 1
斯，你是从哪儿来的？”

“苏格拉底，我是在战争结束[①]后回家来的，现在我就住在这儿，”犹泰鲁斯回答道。“自从我们的国外财产都丧失了以后，我的父亲在亚底该[②]又没有给我留下什么，我就不得不亲手劳动来维持自己的生活，我想这样做比讨饭好些，尤其是像我这样的人根本没有什么抵押品可以向人家借贷。”

“你想你有气力来这样劳动，来维持自己的生活，还会有多久 2
呢？”

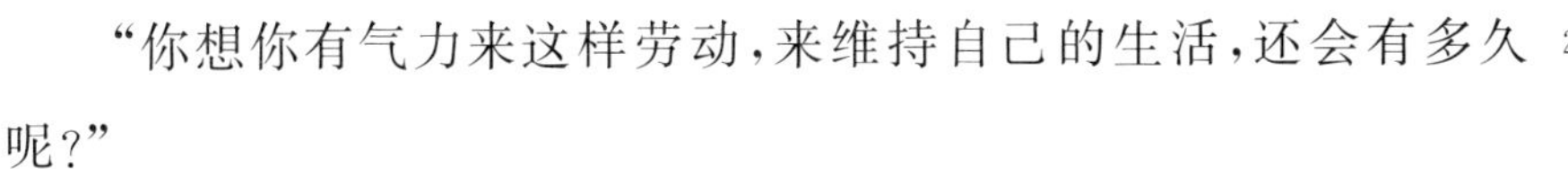

“当然不会很久。”

“要知道，当你年纪大起来的时候你是必得花钱的，到那时就没有人要你来工作给你报酬了。”

① 据补翁古典丛书，色诺芬：《远征记》和《回忆录》合订本，412页注，这里的战争结束是指赛拉门尼斯和约而言，此次战役使雅典人民在亚底该境外所有的财产都损失净光。——译者

② 亚底该是以雅典为首府的希腊地区名，位于波俄提亚之南。——译者

“你说的是实情，”犹泰鲁斯回答。

3 “那么，”苏格拉底接着说道，“你最好赶快去找一种工作，使你老年时可以有所赡养；到一个需要助手的有钱的人家去，做他的管事，帮助他收集谷物，照管他的财产，你帮他，让他也来帮你。”

4 “苏格拉底，我可不愿意做一个奴隶。”

“不过，那些管理国家大事的人们，人们并不因此而把他们看成奴隶，而倒是很尊敬他们啊！”

5 “但是，苏格拉底，总而言之，我是不愿意向任何人负责的。”

“可是，犹泰鲁斯，找一个不负责任的事是不容易的啊，无论一个人做什么，想不犯错误是很难的，即使是不犯错误，想避免不公正的批评也是很难的。我想，就是在你现在所担任的工作中，要想完全不受指责，恐怕也不容易吧！因此，你应该竭力避免那些好苛
6 求的主人，而去找那些体贴人的主人，做你所能做的事，不做那些自己力量办不到的事。无论承担了什么任务，总要尽心竭力而为，因为我想，如果你这样做，你就可以避免受人家的指责，在困难时容易得到帮助，生活得舒适而安全，到年老无力时得到丰富的赡养。”

第　九　章

富有的克里同[①]诉说他常为告密者所困扰。苏格拉底向他建议雇用贫寒而熟悉律法的阿赫戴马斯来为他辩护；这个计划对双方都有益处。阿赫戴马斯也帮助别人，并因此获得了名声和酬金。

① 克里同，见本书第一卷第二章，48 节注。——译者

我知道有一次他听到克里同说，一个安分守己的人①生活在 1
雅典是很困难的②。克里同还补充说，"现在就有人在对我提起诉讼，并不是因为告诉人受了我的什么损害，而是因为他们以为我会宁愿出钱了事而不愿引起麻烦。"

"克里同，请告诉我，"苏格拉底说道，"你是不是饲养狗来防止 2
豺狼进到你的羊群来呢？"

"当然饲养，"克里同回答道，"因为饲养狗比不饲养合算。"

"那么，为什么不养一个既甘心情愿而又有能力的人来防御那些想侵害你的人呢？"苏格拉底问。

"如果不是因为怕他会反过来害我，我倒是很愿意这样做的，"克里同回答。

"怎么？"苏格拉底问道，"难道你看不出一个人讨好像你这样 3
的人从而使自己获益，比得罪你会更为心情舒畅些吗？要知道现在这里就有人把能够和你结交为朋友当作一件非常光荣的事哩！"

这次谈话以后，他们找到了阿赫戴马斯，一个非常善于辞令而 4
又有才干，然而却很贫穷的人；他不是那种不择手段，唯利是图之辈，而是一个善良正直的人，他说，他能够从告密者那里把赃物取

① "安分守己的人"原文为"ἀνδρὶ βουλομένος τὰ ἑαυτοῦ πράττειν，"J. S. Watson 译为"a man who wished to mind his own business，"E. C. Marchant 译为"a man who wanted to mind his own business."都是"一个愿意照管自己的事情的人"的意思，但按原文，并没有自私自利的含义，而只是说他奉公守法，干自己的事，不损害别人，不惹是生非，因此，译为安分守己，似乎比较符合原文精神。——译者

② 生活在雅典之所以困难，据 Schneider 的解释。是因为当时社会上有一种"告密者，"群众让这些告密者去折磨富有阶级，因为他们相信这样做有助于维持民主制。参看补翁古典丛书(色诺芬:《远征记》和《回忆录》420 页)。——译者

回来[①]。因此，每当克里同收获谷物、油、酒、羊毛或任何其他农产
品的时候，他总是拿出一部分来送给阿赫戴马斯，每当他献祭的时
5 候，他总是请阿赫戴马斯吃饭，并且在各方面都照顾他。于是阿赫
戴马斯也就把克里同的家当作自己的避难所，对克里同倍加尊敬，
并且不久他还发现，那些控告克里同的人们，有许多不法的行为，
而且还有许多仇人。他检举了他们之中的一个，按照案情，这个人
一定要被判刑或处罚金[②]。此人自知有罪，用尽各种方法想逃出
6 阿赫戴马斯的手，但阿赫戴马斯则一直等他撤回了对克里同的起
诉并赔偿了克里同的损失才放手。

7 *当阿赫戴马斯在这件事和其他一些类似的事上获得成功以
后，于是，正像任何一个牧人有了一条好狗，其他的牧人都愿意把
自己的羊群安置在他的羊群附近，以便得到他的狗的看顾一样，同
样，克里同的许多朋友也都请求克里同准许他们也请阿赫戴马斯
8 做他们的保护人。在这方面阿赫戴马斯是乐意讨好克里同的，因

---

① 这里是根据娄卜古典丛书和 Josiah Renick Smith 的注释本的希腊文译出，其原文为："φιλόχρηστός τε καὶ ἔφη ῥᾷστον εἶναι ἀπὸ τῶν συκοφαντῶν λαμβάνειν。"但补翁丛书和 R. D. C. Robbins 的注释本所根据的希腊原文则为："φιλόχρηστός τε καὶ εὐφυέστερος ὢν ἀπὸ τῶν συκοφαντῶν λαμβάνειν。"译成中文应为："他为人诚实而又足智多谋，能够从告密者那里把赃物取回来。"又据 Josiah Renick Smith 的注释，这里所谓的"把赃物取回来"是指这些告密者把他们所得到的"不义之财吐出来"而言。另一种意见认为，这里所谓的"告密者"乃是古代雅典人民为了防止富有的奴隶主阶级为非作歹妄图推翻民主制，实现复辟而特意容许的一些揭发人。从阶级观点来看，苏格拉底在这里实际上是帮助富有的奴隶主阶级，豢养一些狗腿子来替他们压榨人民，保住他们的不义之财。——译者

② 原文 παθεῖν 和 ἀποτεῖσαι 都是法律名词，παθεῖν 意思处体刑，ἀποτεῖσαι 是被处罚款。——译者

* 此处根据补翁古典丛书另起一段。——译者

此，不仅克里同本人获得了平安，连他的朋友们也都获得了平安。如果有任何和阿赫戴马斯意见不合的人指责他因受了克里同的恩惠而讨好他的时候，阿赫戴马斯会这样回答他：“哪一样是可耻的？是接受正直人的优待，并以善意报答他，从而和坏人失和呢，或者加害于高尚善良的人，使他们成为你的仇敌，而和坏人同流合污结为知己呢？”

从此以后，阿赫戴马斯就成了克里同的一个朋友并受到了克里同的其他朋友的尊敬。

第　十　章

苏格拉底劝勉富人狄奥多鲁斯帮助他的在极端贫困中的朋友海尔莫盖尼斯。人们对于一个奴仆的生命尚且知道救护，就更应当努力来救济一个朋友，因为朋友总是会好好地报答他的恩惠的。

我知道他曾和他的一个从者狄奥多鲁斯作过如下的谈话。 1

“告诉我，狄奥多鲁斯”，苏格拉底问道，“如果你的一个家奴跑掉了，你是不是要采取措施把他找回来呢？”

“当然要的，”他回答，“我还会请别人帮助我，悬赏把他找回来 2
哩。”

“如果你的一个仆人病了，”苏格拉底继续问道，“你是不是要照顾他，并请医生来给他治病，使他不致丧命呢？”

“当然，”他回答。

“如果你的一个朋友，这人比你的仆人对你更为有用，因贫乏

3 而濒于死亡，难道你以为不值得采取措施来救他的性命吗？你知
道海尔莫盖尼斯是一个很耿直的人，如果他受到你的恩惠而不感
恩图报，他将会认为是非常可耻的事。其实，获得像他这样的一个
甘心乐意、性情和蔼、忠实可靠的助手，不仅能够做你所吩咐他做
的事情，而且还能不待吩咐，主动地给你效力，出主意、做计划，我
4 以为他的价值是相当于许多仆人的。真正良好的管家说，当有价
值的东西市价最贱的时候就是买进的最好时刻；按情况来说，目前
就是以最低的代价获得良好朋友的最好时刻。”

5 “你讲得很好，苏格拉底，”狄奥多鲁斯说道，“请你叫海尔莫盖尼斯到我这里来吧！”

“我绝不这样做，”苏格拉底回答道，“照我看来，你请他到你这里来和你自己到他那里去至少对你来说是同样的光荣，因为这样做对他的好处并不比对你的好处更大。”

6 于是狄奥多鲁斯就起身到海尔莫盖尼斯那里去，这样，他并没有花多大的代价就获得了一位朋友，这个朋友无论说话行事，都考虑到狄奥多鲁斯的利益并求得他的欢心。

第　三　卷

第　一　章

苏格拉底经常劝勉那些热望担任公职的人学习所要求于他们的业务。军事统帅的任务及其责任，1—5 节。除了战术外他还必须知道许多事情，6—11 节。

我现在要证明苏格拉底对于那些企望获得光荣岗位的人是有 1
重大贡献的，因为他使他们注意到他们在所寻求的岗位上所应负
的责任。

有一次他听说狄阿奴沙多鲁斯[①]来到了城里[②]，宣称要传授做
将领的艺术。苏格拉底注意到和他在一起的人中曾经有一个人想
在城邦中获得这个光荣的岗位。于是他对这个人说道：“青年人， 2
一个人想在城邦里担任将领的责任而忽略学习业务的机会，实在
是件可耻的事情，这样的人应该受到城邦的惩罚，远比一个没有学
过雕刻而竟想签订合同为城邦雕像的人所应受的惩罚为多。因为

① 狄阿奴沙多鲁斯，小亚细亚沿岸爱琴海上的基阿斯岛人，此人最初在雅典教授军事技术，后献身于诡辩术。——译者

② 城指雅典。——译者

3 在战争的危急时期，整个城邦都被交在将领的手中，如果他成功，整个城邦将会获得很大益处，如果他失败，整个城邦都将蒙受极大的损失。因此，一个希望被选派担任这样职务的人，如果忽略学习有关的业务，又怎能不受应得的惩罚呢？”

4 这一番话引起了这个人前往学习的兴趣。当他学完回来的时候，苏格拉底开玩笑地说道：“诸位，正像荷马称阿加美农[①]‘威风凛凛’一样，现在我们的朋友已经学会了将兵术，难道你们不认为他也更加威风凛凛起来了吗？正如一个学会了弹七弦琴的人，尽管他还没有使用这个乐器，就是一个七弦琴师；一个学会了医疗术的人，尽管他还没有开业，就是一个医生一样，尽管还没有人选举他率领军队，从今以后，这个青年人也就是一个将领了。但对一个缺乏相当知识的人来说，即使全世界的人都选举他，他也不能因此

5 就是一个将领或医生。”“但是，”苏格拉底继续说道，“为了使万一我们当中有人在你统率下充当营、连长时能有更好的军事知识起见，请你把他怎样开始给你讲将兵术的情况讲给我们听听吧。”

“他从头到尾，教给我的只是战术，除此以外再没有别的了，”青年人回答。

6 “但是，”苏格拉底说道，“这只是将兵术的一小部分罢了；一个将领还必须能够为战争的必要事项进行准备，他必须能够为部队取得粮秣，必须是一个足智多谋、精力旺盛、谨慎、懂事、坚忍不拔而又精明强干的人；和蔼而又严峻；坦率而又狡诈；善于警惕而又巧于偷袭，挥金如土而又贪得无厌；慷慨大方而又锱铢必较；审慎

① 阿加美农是希腊神话中阿尔加斯王，曾率军队攻打特罗亚。——译者

周详而又大胆进取[1]，有许多别的品质，有的是天生的也有的是学
习得来的，这些品质都是一个想当将领的人所必须具备的。当然，
懂得战术也是好的；因为阵营严整的军队和乌合之众是大不相同 7
的，正如石、砖、木、瓦，如果乱扔在一起就毫无用处，但如果把那些
不易腐朽的材料，也就是说，把石头和瓦放在底层和上面，而把砖
和木放在中间，就能够建造起有极大价值的房子来。”[2]

“你比方得很对，苏格拉底，”青年人说道，“因为在战争中必须把 8
最精锐的部队布置在前线和后卫，而把最坏的部队放在中间，使得他
们可以被在他们前面的人带领着并被在他们后面的人推动着前进。”

苏格拉底说道：“如果他曾经教导你怎样分辨好和坏的部队的 9
话，那就很好，否则这些课程对你又有什么用处呢？因为这就和他
教你把最好的钱币放在最前和最后，把最坏的钱币放在当中，却不
教导你怎样分辨好钱币和坏钱币的方法，同样的无用。”

“说实在的，”青年人回答道，“他并没有教给我怎样分辨好坏
部队的方法，我们只能靠自己来判断谁是好的、谁是坏的。”

“那么，我们为什么不考虑一下怎样在这方面避免错误这个问 10
题呢？”苏格拉底问。

“我很愿意这样，”青年人回答。

“当我们必须夺取一笔款项的时候，”苏格拉底问道：“正确的
办法岂不是应该把最贪爱钱财的人放在最前列吗？”

---

① 按原文ἀσφαλῆ主要是安全没有危险的意思，但这里是形容人的，安全是由人审慎提防的结果。——译者

② 《居鲁士的教育》vi，3.25 也有类似的说法。——译者

"我想是如此。"

"我们对于那些即将面临危险的人怎么办呢？是不是应该把最有荣誉感[①]的人放在最前列？"

"至少，"青年人答道，"他们才是那些为了荣誉而甘冒危险的人；而且他们也并不难于发现，这样的人到处都很突出，很容易把他们挑出来。"[②]

11 "但是，"苏格拉底问道，"他是只教你排列阵容呢，还是也教你为什么目的以及怎样运用每一个队形呢？"

"什么也没教。"

"要知道在许多场合下，以同一方式排列阵营或带领队伍是不合适的。"[③]

"说实话，他并没有对我做过这样的解说。"

"那么你可以回去问一问他。如果他知道而且还有点廉耻的话，他会因受了你的学费却没有把你教好就打发你回去而感到惭愧的。"

第　二　章

好的将领应为其军队的安全、维护和胜利采取措施；他不应只

---

① 原文"φιλοτιμοτάτους"意思是"最爱荣誉的人"，Watson 和 Marchant 都把它译为"most ambitious"。——译者

② 补翁古典丛书在这里有英文译者的一个附注，译出以供读者参考："根据 Schneides，Kichnes 和所有其他编者，都是把这段关于爱好荣誉的人容易被发现的话归之于青年人，但不妨一问的是，这些话和苏格拉底的性格岂不是更相称吗？Sara Fielding 就是大胆地把这些话归之于苏格拉底的"（见补翁古典丛书《远征记和回忆录》426 页）。——译者

③ Marchant 译为"在许多情况下要求对战略和战术有所变通"。——译者

顾到他本人的荣誉，也应顾及全军的荣誉。

有一次他遇到一个被选当将领的人就问他道："你想，荷马称 1
亚加美农为'人民的牧者'是什么缘故呢？是不是因为正如一个牧
者必须照顾到羊群的安全，供给他们的饲料，从而使饲养羊的目的
得以完成，同样，一个将领也应顾及士兵的安全，给他们提供粮秣，
使养兵的目的得以完成呢？而且，这样做的目的就是为了使他们
在作战时可以制敌取胜，获得更大的快乐。还有，荷马为什么称亚
加美农为 2

'一个良好的君王兼英勇的战士？'

他的意思不是说，如果只是他一个人对敌勇敢作战，而不能使全体
士兵像自己同样的勇敢，他就不可能是一个'英勇的战士'；如果他
只顾自己生活得美好而不顾及他所统率的人们的幸福，他就不可
能是一个'良好的君王'吗？人们推举国王，不是为了使他把自己 3
照顾得很好，而是为了借着他使那些推举他的人得到好处；所有的
人们之所以从事战争，都是为了使自己能够度最美好的生活，他们
推举将领，正是因为认为他们可以领导自己达到这个目的。所以，
一个指挥官的责任就是准备执行那些选举他们为将领的人们的意 4
见。没有比发现自己能够作出这种努力更光荣或发现其反面更可
耻的事了。"

就这样，当苏格拉底考虑一个好将领的优点的时候，他不考虑他的其他一切品质，只是强调了这一点；一个好的将领必须为他手下的人们的幸福着想。

第 三 章

骑兵指挥官的责任有二：改善士兵和马的情况；不把照料马的责任单单留给士兵，第 1—4 节。他应如何训练士兵，并如何使自己取得这样的资格，第 5—10 节。他应该培养演说的能力，使自己能够鼓舞士气，激发他们的荣誉感，第 11—14 节。

1 我记得苏格拉底曾经和一个被选为骑兵指挥官[①]的人作了一次谈话，其大意如下：

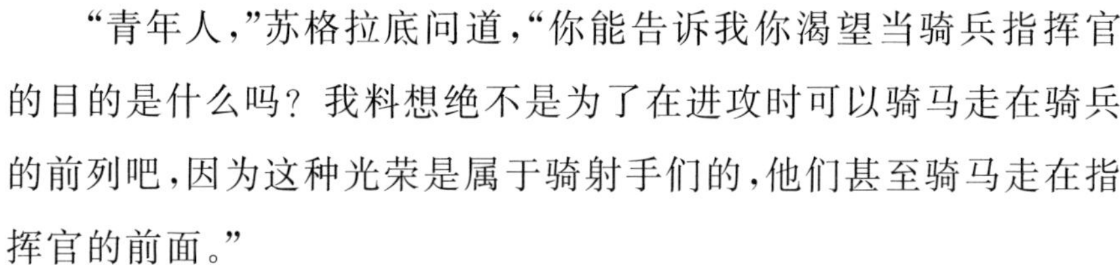

“青年人，”苏格拉底问道，“你能告诉我你渴望当骑兵指挥官的目的是什么吗？我料想绝不是为了在进攻时可以骑马走在骑兵的前列吧，因为这种光荣是属于骑射手们的，他们甚至骑马走在指挥官的前面。”

“你说的对，”青年人回答。

“也绝不是为了惹人注目吧，因为连疯子也可以惹得每个人注目的。”

“你这样说得也对。”

2 “那么，你是想在对骑兵进行一番训练以后，在他具备了更好的战斗力的情况下把它交还给城邦[②]，以便在城邦万一需要骑兵

① 据 Kühner，当时在雅典有两个骑兵指挥官，他们都有指挥骑兵的最高权力，但必须服从十将领或步兵指挥官的命令。色诺芬在他的《关于骑兵》一篇文章里曾经叙述了骑兵指挥官的责任。——译者

② Marchant 的英译本在这里有“When you retire”（当你退休的时候），原文没有，也没有加添的必要。——译者

的时候，你作为一个骑兵统帅，可以对城邦有所贡献？”

“的确如此，”他回答。

“如果你能够做到这一点，”苏格拉底继续道，“这的确是一件好事，但是，你被选担任的职务，是不是包括指挥马和骑马的人在内？”

“是这样，”青年人回答。

“那么，请你过来先对我们讲一讲，你打算怎样使马匹有所 3
改善？”

“但是，”青年人回答道，“我认为这并不是我的责任，因为我以为每一个人应该当心他自己的马匹。”

“不过，”苏格拉底说道，“如果有些士兵带上阵的马是脚上有 4
病的或是瘸腿的，或是身体瘦弱的，有一些人的马是饲养得不好的不能跑路的，还有些人的马是桀骜不驯不服调度的，还有一些人的马是非常恶劣完全不听指挥的，这样的骑兵对你会有什么用处呢？率领这样的队伍能够对城邦有所贡献吗？”

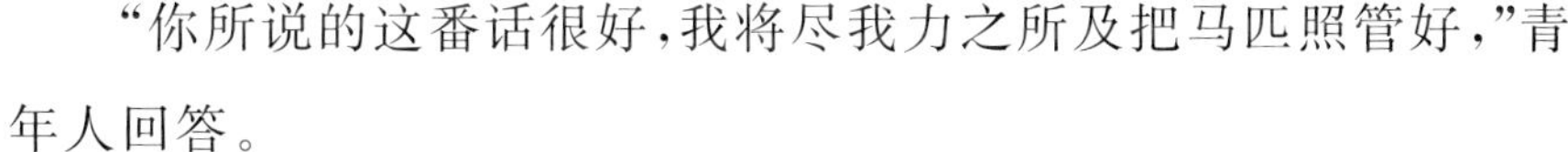

“你所说的这番话很好，我将尽我力之所及把马匹照管好，”青年人回答。

“你是不是也想设法把人训练好呢？”苏格拉底问。 5

“我一定这样做。”

“那么，你首先要训练他们有更好的骑马技术？”

“我必得这样做，使他们万一被摔下马来的时候，可以保住自己的性命。”①

① 原文 σιξοιτο，直译为“自救”。——译者

6 “当你不得不冒险作战的时候，你是设法把敌人引诱到你自己练兵的沙地上[①]来呢，还是你事先就针对敌人的形势，在和敌人所占的地形相类似的地方练兵呢？”

“后者是个比较好的办法，”青年人回答。

7 “你是要设法使尽可能多的士兵能够从马上抛掷戈矛刺杀敌人吗？”

“当然，这也是更好的办法。”

“你曾经考虑过如何砥砺骑兵的士气，激发他们同仇敌忾的对敌斗争精神，使他们能够英勇杀敌吗？”

“不管怎样，我现在就要试着这样做，”青年人回答。

8 “你曾经考虑过，怎样说服士兵服从你的命令吗？不管是马也好，是士兵也好，尽管他们士气旺盛，英勇百倍，如果不服从命令，是一点用处也没有的。”

“你所说的都是实情，但是，苏格拉底，有什么最好的方法说服他们服从呢？”

9 “我想，你知道在任何情况下，人们都是甘心服从他们所认为最能指挥他们的人的。在病患中，人们服从他们所认为最好的医生；在航海中，人们服从他们所认为最好的舵手；在农业中，人们服从他们认为最好的农夫。”

“的确如此，”青年人回答。

“因此，很可能在马术方面，那些显得最懂得应当怎样做的人，

① 希腊骑兵的操练多半在平坦的沙地上进行，因此，这样的地方在希腊文就叫做 ἀμμόδρομοι（沙场）。——译者

人们也就会最愿意服从他。”

“那么，苏格拉底，”青年人问道，“如果我在他们中间显得是个 10
最好的骑手，单是这一点就足以使他们服从我了吗？”

“是的，如果你除此而外，还能叫他们深信，服从你对他们来说，是更好而且更安全。”

“我怎能叫他们相信服从我是更好更安全呢？”

“这比你叫他们相信坏事比好事更好，更有益处、容易得多了。”

“你的意思是说，一个骑兵将领，除了具备其他资格之外，必须 11
还是一个会演说的人？”

“难道你以为，一个骑兵将领必将是一沉默寡言的人吗？难道你没有想过，我们按照惯例所学得的最好的东西，也就是说，我们所借以认识生活的一切事物，都是通过语言学来的；我们所学得的其他一些有用的知识也都是通过语言学得的；最好的教师是最会运用
语言的人；懂得最重要道理的人都是最会讲话的人吗？难道你没有 12
想到过，任何时候，由我们这个城邦所组织的歌舞团——就如派往德洛斯①的歌舞团那样——都是别的城邦的歌舞团所无法与之竞争的，而且别的城邦也募集不出像我们这样的漂亮的人才来吗？”

“你说的是实情，”青年人回答。

“然而，雅典人胜过别人的地方并不在于声音婉转或身材魁 13
梧，而是在于有雄心壮志，雄心壮志是鼓舞人创立丰功伟业的最大的刺激剂。”

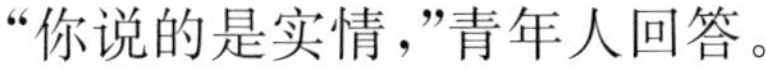

① 德洛斯，希腊东南部的群岛之一，号称圣岛，岛上有亚波罗庙，雅典人每年派一歌舞团前往德洛斯，每五年派一包括歌舞团的代表团，参加为纪念亚波罗而举行的赛会。——译者

"你说的这话也是实情,"青年人回答。

14 "难道你不认为,"苏格拉底问道,"如果有人研究改善这里的骑兵,他们就会在装备、马匹、纪律和奋勇迎击方面大大超过敌人吗(只要他们认为这样做可以获得赞扬和光荣)?"

"这是非常可能的,"青年人回答。

15 "那么,不要再迟疑了,要勉力以此激励士兵,这样,你自己既可获得好处,全国同胞也可因你受益。"

"我一定要试着这样做,"青年人回答。

第　四　章

尼各马希代斯埋怨雅典人,说自己虽然富有作战经验,雅典人却没有选他为将领,反倒选了一个没有作战经验的安提斯泰尼斯。苏格拉底向他说明安提斯泰尼斯虽然没有率领过军队,却可能具备一个成功的将领所必备的资格。

1 有一次当苏格拉底看见尼各马希代斯从选举回来的时候就问他道,"尼各马希代斯,谁当选了将领?"

"雅典人还不总是那个老样子,苏格拉底,"尼各马希代斯回答道,"我自从被召服兵役以来,历尽艰辛①,鞠躬尽瘁地尽忠于排长和连长②的职务,甚至还在战争中负了许多伤(说着把伤疤露给苏

① 原文 κατατέτριμμαι,耗尽心力。——译者

② 原文 λοχαγῶν καὶ ταξιαρχῶν,据补翁丛书注 λοχαὸς 相当于排长,管 25 人,ταξίαρχος,相当于连长,管 100 人。——译者

格拉底看)，他们却不选我，反倒选了一个从来没有参加过重武器步兵作战，也没有在骑兵队伍中有过任何值得注意的建树的安提斯泰尼斯，这个人什么也不懂，只晓得要钱。”

“这岂不也是一件好事吗?”苏格拉底问道，“这样，他就有可能 2
为士兵提供必需品。”

“不过，”尼各马希代斯反驳道，“商人也知道怎样聚敛钱财，但并不能因此说他们就善于带兵。”

“但是，”苏格拉底说道，“安提斯泰尼斯有好胜心，这对一个将 3
领来说是很有用的。难道你不知道，每逢他担任歌舞团长[①]的时候，他的歌舞团总是获得优胜吗?”

“这倒是事实，”尼各马希代斯回答道，“但是带领一个歌舞团和带领军队并没有任何共同之处啊。”

“然而，”苏格拉底说道，“尽管安提斯泰尼斯不懂音乐，也不懂 4
教练歌舞团的方法，他却能够发现在这两方面最有才干的人才。”

“那么，”尼各马希代斯说道，“在军队里他也可以找别人来替他调配队伍，找别人来替他打仗!”

“不过，”苏格拉底回答道，“如果他能够在军事上也像在歌舞 5
团那样，发现并提拔最好的人才，他就很可能在这方面也取得优胜，而且很可能他为了使整个城邦在战争中取得胜利，比为了他的家族[②]在歌舞竞赛中取得优胜，更乐于花钱哩。”

① 原文 κεχορήγηκε，担任歌舞团长，指雅典民中之富有者，代表其族人，自行出资，筹组歌舞团，以备在祭典时演唱而言。——译者

② 按当时雅典共有十大家族。歌舞团的筹款、组织和演出，是以家族的名义，因此，它的成功和光荣也就被认为是其家族的成功和光荣。——译者

6 “苏格拉底，你的意思是说，一个把歌舞团管好的人也就可以把军队管好吗？”

“我的意思是说，不管一个人领导什么，只要他知道自己所要的是什么，而且能够达到这个要求，他就是一个好领导，不管他所领导的是一个歌舞团也好，是一个家庭、城邦或军队也好。”

7 尼各马希代斯说道，“说实在的，我从来没有想到过会听你讲到一个好的管事者也会成为一个好的将领。”

“那么，”苏格拉底说道，“就让我们把双方的职务比较一下，看看它们是相同还是相异吧。”

“好极了。”

8 “双方的责任岂不都是要使那些受他们领导的人甘心服从他们的指挥吗？”

“一点不错。”

“双方的责任岂不都是指派每一个人去做他们最适称的工作吗？”

“是这样。”

“我想，刑罚坏人，奖励好人，也是双方的责任吧。”

“完全不错。”

9 “双方都使那些受他们指挥的人对他们有好感不也是应该的吗？”

“当然。”

“你想，双方是不是都应该争取同盟者和支援者呢？”

“应该。”

“双方难道不都是应该爱护自己的资财吗？”

“那还用说。”

“双方岂不都应该关心自己的业务并且孜孜不倦地工作？”

“所有这一切双方都是相同的，但作战却不然。”尼各马希代斯 10
回答道。

“双方都有敌人吧？”苏格拉底反问。

“肯定是有的。”

“那么，战胜敌人，岂不是对双方都有好处吗？”

“当然，”尼各马希代斯回答，“但这且不谈，作战既然是必要 11
的，请问善于管理家务对此会有什么帮助呢？”

“帮助正在这里，而且很大。”苏格拉底回答，“因为一个善于管
理家务的人知道，没有比战胜敌人更有利更合算的事了，也没有比
吃败仗更有损失更不合算的事了，因此，他会竭尽一切力量，想方
设法，争取胜利，会谨慎小心地警戒并提防失败，当他知道自己准
备好，有取胜的可能的时候，他就会以全副力量投入和敌人的战
斗，尤其重要的是，当他知道自己还未准备好的时候，他就会谨慎
提防，避免和敌人交锋。不要轻视善于管理家务的人，尼各马希代 12
斯，因为管理个人的事情和管理公众的事情只是在大小方面有差
别，在其他方面彼此是很相类似的；最重要的是两者都不是不用人
就管得好的，而且也并不是个人的事用一种人经管，公众的事用另
一种人经管；管理公众企业的人所用的人和管理私人企业所用的
并不是另一种人而是同样性情的人，凡是知道怎样用人的人，无论
是私人企业或公共企业都能管理好，而那些不知道怎样用人的人
在两方面都要失败。”

第 五 章

苏格拉底和小白里克里斯谈论使雅典人恢复他们古代精神和雄心壮志的方法。应该用他们先人的丰功伟业使他们受到激励，第 1—12 节。使他们知道懒惰是他们衰落的根源，第 13 节。应当恢复他们先人的制度，或仿效拉开代莫尼人[①]的做法，第 14 节。并应对军事予以极大的重视，第 15—25 节。怎样保卫雅典疆土不受敌人的侵犯，第 26—28 节。

1 苏格拉底有一次在对大白里克里斯[②]的儿子小白里克里斯[③]谈话的时候说道，"白里克里斯，我对你说，你现在既然当了将领，我希望城邦在军事技术方面会更为强大，更为光荣起来，战胜敌人。"

白里克里斯回答道，"苏格拉底，我也希望能像你所说的那样，但怎样能实现，我却不知道。"

"你愿意和我讨论它们，并研究一下怎样能够使他们实现吗？"苏格拉底问。

"我很愿意，"小白里克里斯回答。

2 "你知道从人数来说，雅典人并不少于波俄提亚人（βοιωτός）吗？"苏格拉底问道。

---

① 拉开代莫尼人即斯巴达人。——译者

② 原文"ὁ πάνυ περικλῆς"直译为"著名的白里克里斯"。——译者

③ 这个小白里克里斯是大白里克里斯的私生子，当大白里克里斯的合法的儿子们死去之后，雅典人为了纪念他的功绩，选小白里克里斯为将领，后来因战争失利，被处决。——译者

“我知道，”小白里克里斯回答。

“你想，是能够从雅典人中或是从波俄提亚人中，选出更多身强力壮的人来呢？”

“我看在这一方面雅典人也不弱。”

“你以为这两种人中哪一个团结得更好呢？”

“我以为是雅典人，因为许多波俄提亚人由于赛比人[①]的贪得无厌对他们很仇恨，但在雅典，我却看不出这种情况来。”

“而且雅典人是最爱好荣誉、最慷慨大度的人，这些美德肯定 3
会使他们为着荣誉和祖国甘冒一切危险而不辞。”

“的确，雅典人民在这些方面是无可訾议的。”

“没有一个民族能像雅典人那样为他们祖先的丰功伟业而感到自豪；很多人受到激励和鼓舞，培养了刚毅果断的优秀品质，成了勇武有名的人。”

“苏格拉底，你所讲的这一切都是真的，但是，你看，自从托尔 4
米戴斯和一千战士在莱巴底亚[②]以及希帕克拉退斯[③]在戴利昂惨遭挫败以来，雅典人对波俄提亚人的光荣已经丧失了，而赛比人[④]对雅典人的傲慢则滋长了；从前波俄提亚人即使在自己的领土上，

① 赛比是波俄提亚的首都，波俄提亚人仇恨赛比人，即表示波俄提亚人内部不团结。——译者

② 莱巴底亚是波俄提亚中部的一个城市。这次战争发生在公元前447年，当时托尔米戴斯为雅典军队的将领，他和他所率领的一千雅典人全被歼灭。——译者

③ 希帕克拉退斯是雅典军队的将领。戴利昂战役发生于公元前424年，在这次战役里，希帕克拉退斯战死。据希腊地理学家兼历史家斯特拉本的记载，苏格拉底本人也曾参加了这次的战役。——译者

④ 赛比是波俄提亚的首都，赛比人也就是波俄提亚人，J. S. Watson 的英译本就直接译为波俄提亚人，这里根据原文译为赛比人。——译者

未得拉开代莫尼人和其他裴洛帕奈西人(Πελοποννήσίων)的帮助,也不敢和雅典人迎战,现在单是他们自己也敢威胁着要向亚底该入侵了,而从前曾蹂躏波俄提亚的雅典人,现在倒害怕起波俄提亚人会把亚底该夷为平地了。"

5 "这种情况我是知道的,"苏格拉底说,"但我以为对任何一个好的将领来说,这个城邦的情况倒更为有利;因为自恃会产生疏忽、怠惰和违抗命令,但惧怕则使人更加注意、服从和谨守秩序。
6 在这方面水手们的行动就是一个很好的例证。当他们没有什么可怕的事情的时候,也许他们只是一群乌合之众,但当他们遇到暴风雨临头或战争爆发的时候,不但吩咐他们做什么他们就做什么,而且还会像一群歌舞演员那样,鸦雀无声地静听领导者的指挥。"

7 "既然他们愿意服从指挥,"白里克里斯说道,"那么,现在就是应该讲一下,怎样说服他们努力恢复古代精神、荣誉和幸福的时候了。"

8 "如果我们要人们要求已被别人占有的产业[①],"苏格拉底说道,"促使他们提出这种要求的最有效的方法莫过于向他们证明,这份产业原为他们祖先所有,他们有合法的继承权;既然我们希望他们有杰出的勇气,我们就应当向他们证明这种杰出的勇气原是他们从古就有的,如果他们努力恢复这种勇气,他们就会成为最英勇的人。"

9 "我们怎能说服他们呢?"

---

① 原文 χρῆμα,指人所使用或需要的东西而言,这个词的复数形有时也作金钱解,E. C. Marchant 的英译本就是把它译作"金钱"(money),但根据上下文,译作"金钱"在这里似乎并不恰当,这里把它译作"产业"是参考 J. S. Watson 的英译并考虑上下文而决定的。Johannes Irmscher 的德译本译为"Besitztum"也有财产或产业的意思。——译者

“我想只要我们提醒他们，我们知道，他们最早的祖先，正像他们自己听说过的一样，都是最英勇的人。”

“你是指凯克拉普斯①和他们的同伴由于他们的英勇，在神明 10
之间所作的裁判而说的吗？”

“是的，我说的正是这个意思，而且我还指艾锐赫修斯②的诞
生和教养③，他那时代和所有临近大陆的人民发生的战争，以及在
赫拉克雷代斯的子孙的领导下和裴洛帕奈西人的战争以及在泰苏
斯率领下所进行的一切战争而言。在所有这些战争中他们都证明
了自己是那时代的最英勇的人。而且，不瞒你说，我还是指他们的 11
子孙所做的而言。他们生活在我们以前不久，他们不仅凭着自己
的力量和整个亚细亚以及一直到马其顿的欧罗巴霸主们进行了斗
争（这些霸主们在继承了他们祖先的大量的权力和资财以外，自己
也建立了丰功伟业），而且还和裴洛帕奈西人一道扬威于陆地和海
上。人们都说他们远远超过了他们同时代的人们。”

“人们的确是这样说的，”白里克里斯回答。

“因此，尽管希腊人迁出的很多，他们却仍然住在他们的本土 12
上：许多有权利争执的人都来求他们仲裁，许多受强暴者欺侮的人
们都来求他们的救援。”

---

① 凯克拉普斯原是埃及人，约在公元前1556年，他在亚底该建立了殖民地，他所建立的十二个殖民村庄合并成为一个城就叫做雅典。据说当海神奈普通和战争女神米纳尔瓦为统治亚底该而争吵的时候，他曾在他们中间进行裁判。——译者

② 艾锐赫修斯是雅典的第四个王（一说是第六个王）。——译者

③ 按原文次序为：“教养和诞生，”这种不按自然顺序的叙事法，原是为了强调比较重要和显著的方面，但考虑到中文似无此必要，故在译文中按自然顺序译出。——译者

13 “苏格拉底，我真奇怪，”白里克里斯说道，“我们城邦的威力怎么竟这样败落下来。”

“我想，”苏格拉底回答道，“正如别的人[①]由于过分超群出众和成绩优异而疏忽大意以致落后一样，雅典人在取得卓越成就之后，也是由于疏忽大意而变得落后了。”

14 “那么，他们怎样才能恢复他们原有的威望呢？”

“我看这并没有什么神秘之处，”苏格拉底回答道：“只要你们
能够发现他们的祖先是怎样行事为人的，而且自己也努力照样去
做，他们的威力就不会比他们祖先的差；或者，如果不这样做，而能
仿效那些现在占统治地位的人们[②]，照着他们的方式行事为人，以
15 同样的细心对待自己的事业，他们的成就就会同样地好，而且，如
果他们更加勤奋，他们的成就甚至还会更好。”

“你的意思是说我们的城邦距离完善的程度还很远吧，”白里
克里斯说道，“究竟什么时候雅典人才能像拉开代莫尼人那样尊重
他们的前辈呢？他们从他们的父辈起就藐视年长的人了。或者，
什么时候他们才像拉开代莫尼人那样锻炼身体呢？他们不仅自己
16 不注重健康，而且还嘲笑那些注意健康的人。什么时候他们才能

① 所有的古抄本在这里原文都是ἄλλοι τινές（别人），但 Schneider 根据 Weiske，Heinz 的揣测，改为 ἀθληταὶ τινές（某些运动员），因他认为把ἄλλοι τινές和雅典人民对立起来不妥当。《补翁丛书》J. S. Watson 的英译就是根据ἄλλοι τινές译的，但娄卜丛书以及其他一些版本却是 ἀθληταὶ τινές。中译者认为ἄλλοι τινές并无不妥之处，相反，根据揣测而篡改原文倒是不足取的，因译如上。——译者

② “占统治地位的人们”是指拉开代莫尼人而言，色诺芬利用每一机会夸奖拉开代莫尼人（斯巴达人），认为拉开代莫尼的政治体制比雅典的政治体制强。Watson 的英译本把 Πρωτεύοντας译为“at the head of Greece”，意思不错，但因原文并没有 greece 一字，中译文也就没有加上。——译者

像拉开代莫尼人那样服从领袖呢？他们甚至还以藐视领袖为夸耀
哩！什么时候他们才像拉开代莫尼人那样同心同德呢？他们不仅
不能互助合作以谋求互利，还互相伤害，彼此嫉妒，比对世上其余
的人更甚。他们无论在私人或公众集会中都比任何人更爱争吵，
他们最爱彼此控诉，宁愿互相占便宜也不愿互助互利。他们看待
公众事务就好像和自己无干的别人的事情一样，然而却彼此争吵
着要管理这些事务，甚至还以有力量能够这样争吵为乐。由于这
种情况，许多灾祸和罪恶就在城邦里滋长起来了，而大量的仇恨和 17
怨气也在人民中间发生了；因此，我经常怀着恐惧的心情，深怕有
忍受不了的灾祸降临城邦。”

“哦，白里克里斯，”苏格拉底说道，“绝不要以为雅典人已经病 18
入膏肓，不可救药了。你没有看到他们在海军的训练上是怎样井
然有序，在运动竞赛上怎样服从领导，在服从歌舞团教练的指导上
也绝不亚于任何人吗？”

“这的确是惊人的，”白里克里斯说道，“这一类的人[①]倒能服 19
从那些在上面领导他们的人，而从人民中挑选出来的、理当是品德
优良的步兵和骑兵反倒是最桀骜不驯的人。”

“阿莱阿斯·帕各斯[②]的法院怎样呢？白里克里斯，”苏格拉 20
底问道，“难道他们不是由经过考验的人们所组成的吗？”

---

① τούς τοιούτους，“这一类的人”，指上述海军中的水兵等，按这些人在古希腊都是由贱民或奴隶充当的。——译者

② 阿莱阿斯·帕各斯，雅典城堡对面的一座小山名，是古雅典最高法院所在地，法院因即名为阿莱阿斯·帕各斯法院，这个法院的成员是由民众所认可的、操守廉洁的卸任执政官所组成，他们专司审理杀人、纵火、放毒等案件。——译者

“当然是，”白里克里斯回答。

“你知道有谁判断案件和经办其他事务比他们更好、更合法、更尊严、更公正吗？”

“我找不出他们有什么毛病，”白里克里斯回答。

“那么，我们对于雅典人的不遵守纪律，就不必抱失望的心情了，”苏格拉底说。

21 “可是，”白里克里斯说道，“就是在最需要慎重、纪律和服从的
军事上，他们对于这些竟也不加注意。”

“这可能是由于那些指挥他们的人都是些最缺乏军事知识的
人，”苏格拉底说，“难道你没有注意到，对于竖琴演奏者、合唱演员、
舞蹈演员、摔跤家或角斗家，一个不具备必要知识的人就不可以妄
图指挥他们吗？凡能指挥这些人的人都能够说出他们所擅长的这
22 种技能是跟谁学来的；而我们的大多数将领们却并没有经过事先的
学习。不过我并不是说你就是一个这样的人；因为我以为你能够说
自己是从什么时候学习将略的，就像你能够说出是什么时候学习摔
跤的一样。而且我还深信，你曾从你的父亲那里学会了并且记住了
许多战争原理，你也曾从自己所能学到的各方面搜集了许多对于将
23 领有用的东西。我相信你总是在努力不使自己在不知不觉中错过
任何对将领有用的东西，如果你发现自己在任何事上知识不足，你
会不吝惜厚聘恭恭敬敬地向那些知道的人求教，使你能够从他们学
到自己所不知道的东西，从而使他们对你有所裨益。”

24 “苏格拉底，”白里克里斯说道，“我看出你说这番话并不是因
你认为我已经认真地注意到这些事情，而是你想使我相信，凡做将
领的人必须注意研究这类事情；我完全同意你的看法。”

“白里克里斯，你曾注意过没有，”苏格拉底问道，“在我们国家的 25
边疆有大山在蜿蜒伸展着，一直到波俄提亚，从那里有狭隘而险峻的
峡谷通到内地，我们国家的中部有强固的山脉好像带子一样环绕着？”

“的确是这样。”

“你还听到过没有，”苏格拉底问道，“米西亚人和皮西底人[①] 26
占据着大君[②]国土中的极其强固的地势，他们拥有轻骑装备，能够
侵袭大君的领土，肆意加以蹂躏，同时却能保持自己不受损害？”

“这我也听过的，”白里克里斯回答。

“如果把雅典青年武装起来，使他们守卫防护着我们国土的山 27
区，你想他们不会使我们的敌人大受损害而成为我国人民的坚强
堡垒吗？”

“苏格拉底，”白里克里斯说道，“我以为所有这些都是非常有益的意见。”

“既然你对这些意见感到满意，你就试着做吧，我的勇敢的朋 28
友；因为你在这方面所取得的任何成就都将会对你自己有光荣，对
城邦有好处；如果因为能力有所不及而失败，对城邦既不会有损
失，对你自己也不会有失体面。”

第　六　章

苏格拉底用质问的方法引导非常想望获得政府职位的青年

---

① 米西亚人，皮西底人是小亚细亚的两个民族。——译者

② 大君（βασιλεύς）指波斯王而言。——译者

格老孔[①]承认自己完全没有担任所想望职位的必要知识。接着苏格拉底说明，一个统治者对于国家事务如果没有精确的知识，他就不可能对国家有好处，也不可能使自己有光荣。

1 阿里斯通的儿子格老孔还不到 20 岁[②]，由于一心想在城邦政府中做一名领袖向群众演讲，他的亲友中没有一个人能够制止他，从而使他免得闹出被人从讲坛上拖下来的笑话；只有苏格拉底为了哈尔米戴斯和柏拉图的缘故善意地关怀，并制止了他。

2 有一次在偶然遇到他的时候，苏格拉底为了使格老孔乐意听自己的话就拦住他，对他说："喂，格老孔，你是立定志向想做我们城邦的领袖吗？"

"我的确是这样想，苏格拉底，"格老孔回答道。

"那好极了，如果人间真有什么好事的话，这又是一桩好事了。因为很显然，如果你的目的能实现，你想要什么就会得到什么；你将能够帮助你的朋友；为你的家庭扬名，为你的祖国增光；你的名声首先会传遍城邦，然后还会传遍希腊，你也许还会像赛米斯托克勒斯[③]那样，在异邦[④]人中享盛名；你将来无论到哪里去，都会受到人们的敬仰。"

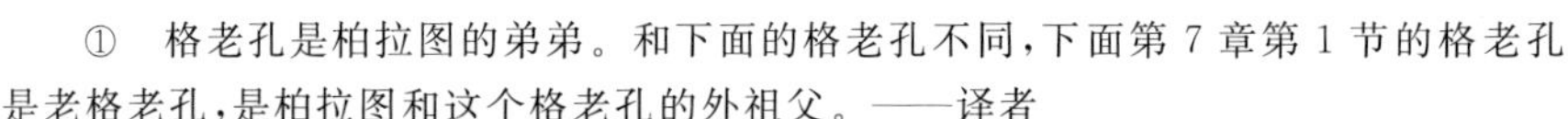

① 格老孔是柏拉图的弟弟。和下面的格老孔不同，下面第 7 章第 1 节的格老孔是老格老孔，是柏拉图和这个格老孔的外祖父。——译者

② 雅典青年到 22 岁时才可执行公民权。——译者

③ 赛米斯托克雷斯是雅典著名的政治家和领袖，曾于撒拉米斯战胜波斯人。——译者

④ 异邦人，希腊人把所有的外国人都称为 βάρβαροι，英文的野蛮(barbarous)一词，就是从这个希腊字得来。——译者

格老孔听到这番话感到大为高兴，于是就欣然留下来了。 3

苏格拉底接着说道："看来很显然，格老孔，如果你想要受到人们的尊敬，你就必须对城邦有所贡献？"

"完全是这样，"格老孔回答。

"我以神明的名义请求你，不要向我们隐瞒，而是要告诉我们你打算怎样开始对城邦作出有益的事来，"苏格拉底说。

但是当格老孔由于考虑应当从哪儿开始而沉默不作声的时 4
候，苏格拉底接着又说道，"譬如，当你要促使一个朋友的家庭兴旺的时候，你就会想方设法使它更加富裕起来，你是不是也想方设法使城邦富裕起来呢？"

"当然，"格老孔回答。

"如果它的税收更加充足起来，是不是就会变得更加富裕一 5
些呢？"

"很可能是这样。"

"那么，请你告诉我，"苏格拉底说，"目前城邦的税收是从哪些方面来的，总数共有多少？为了使不足的得以补足，使缺少的可以得到新的来源的弥补，毫无疑问，你对这些问题一定都考虑过了。"

"说实在的，对于这些问题，我还没有考虑过，"格老孔回答。

"如果你在这方面疏忽了，"苏格拉底说道，"那么，请你对我们 6
讲一讲城邦的支出吧。因为很显然，你一定打算把那些开支过大的项目加以削减。"

"老实说，"格老孔回答道，"我还没来得及考虑这个问题。"

"那么，"苏格拉底说道，"我们只有把使城邦富裕的问题暂时搁一搁了，因为连支出和收入都还不知道，又怎能把这些事照管好呢?”

7 “不过,苏格拉底,”格老孔说道,“我们可以牺牲敌人来使城邦富裕起来。”

“的确可能这样,如果我们比敌人强大的话;但是,如果我们比敌人软弱,就会连自己所有的都丢光。”

“你说的是实话,”格老孔回答。

8 “因此,”苏格拉底说道,“凡考虑应当同谁作战的人,就必须知道城邦的力量和对方的力量,如果城邦的力量大于敌人,就可以建议她向敌人进攻,如果城邦的力量不及敌人,就应当劝她谨慎从事。”

“你说的对,”格老孔说。

9 “那么,”苏格拉底说道,“就请你首先对我们讲一讲城邦陆军和海军的力量,然后再讲一讲敌人的力量吧。”

“不,我不能就这么单凭记忆地[①]告诉你。”

“那么,”苏格拉底说道,“如果你已经把它们记下来,就请你把笔记带来吧,因为我很喜欢听一听。”

“老实说,这是办不到的,因为我还没有记哩,”格老孔回答。

10 “那么,”苏格拉底说道,“我们就把关于考虑作战的事也暂时搁一搁吧。也许由于这些问题的重大性,而且你又是刚刚开始领导工作,还没来得及仔细研究它们。但是,关于国防的问题,我想会是你目前所关心的问题,而且你也一定知道有多少防御工事是布置的适当,有多少是不适当的,需要多少防御兵才够,多少就不

① 原文 ἀπὸ στόματος脱口而出,即单凭记忆地。——译者

够，而且你也一定会建议，把那些布置得适当的防御工事弄得更为强固些，把多余的拆除掉。”

“那还用说[①]，”格老孔回答道，“我建议把它们全部拆除掉，因 11
为他们防御得这样地糟，以致我们的财物都从国土上被人私下偷走了。”

“如果把防御工事拆除了，”苏格拉底问道，“你想，那不就是授权给人们任意抢劫了吗？”接着又问道：“你究竟曾经出去察看过没有呢？换句话说，你怎么知道防御得不好呢？”

“凭猜想，”格老孔回答。

“那么，”苏格拉底说道，“我们也把这个问题暂时搁一搁，直到我们确实知道，而不是单凭猜想的时候再提建议好吗？”

“也许那样更好，”格老孔回答。

“至于银矿，”苏格拉底说道，“我相信你一定没有去过，因而也 12
就无法告诉我们银矿的税收现在比从前减少的原因是在什么地方了。”

“我的确没有到过那里”，格老孔说。

“说实在的，”苏格拉底说道，“据说那里很不卫生，当有必要讨论这个问题的时候，这一点就足以作为你的借口了。”

“你简直是在开玩笑，”格老孔抗议道。

“不过，我知道有一件事你一定没有忽略，而是认真地考虑过， 13
这就是：田里出产的粮食能够维持城邦居民多少时候的食用？每年粮食的需要量有多大？从而使城邦不致由于你的疏忽在任何时

① 原文 Nὴ δ ἵ，是 νὴ Δία 的略写，有强调肯定之意。——译者

候遭到饥荒，反而由于你对生活必需品的情况有所了解，你就可以给城邦出谋献策，帮助她，拯救她。”

“你说的这个任务可也太大了，如果连这一类的事也必须照管的话，”格老孔说。

14 “不过，”苏格拉底说道，“除非一个人弄清楚了自己家庭的一切需要，并且尽心竭力地加以满足，他就不可能把自己的家治好，城邦的居民既然有一万多户，很难对这么多人的需要同时都加以满足，为什么不试一试首先解决一家的需要，这就是说，先从增进你叔父家的福利做起呢？而且他家也真有这种需要啊！如果能够帮助一家，你就可以着手帮助更多的人家；如果连一家还不能帮助，怎能帮助很多的人家呢？这就好像一个人如果连一塔连得[①]都拿不动，就不必让他试拿更重的分量，这岂不是很明显的事吗？”

15 “不过，”格老孔说道，“只要他肯听我的劝，我是能够对叔父的家有所帮助的。”

“怎么？”苏格拉底问道，“你连自己的叔父都劝不了，还想希望包括你叔父在内的整个雅典人都听你的劝吗？”接着他又说道，“格
16 老孔，要当心，你一心想要出名，可不要弄得适得其反啊！难道你看不出，去说或做自己还不懂得的事情是多么危险吗？试想一想你所认识的许多别的具有这种性情的人吧，他们明显的是在说或做自己还不懂得的事情，在你看来，像这样的人，是受到赞扬的多呢还是遭到谴责的多呢？是被人尊敬的多呢还是受人轻视的多呢？

---

① 塔连得（Τάλαντον）古希腊重量名，约合我国72市斤（与本书前面作为货币用的塔连得有别）。——译者

再想一想那些说自己所懂得的事并做自己所懂得的事的人吧，我 17
想，你会看出，在所有的事上，凡受到尊敬和赞扬的人都是那些知识最广博的人，而那些受人的谴责和轻视的人都是那些最无知的人。如果你真想在城邦获得盛名并受到人的赞扬，就应当努力对 18
你所想要做的事求得最广泛的知识，因为如果你能在这方面胜过别人，那么，当你着手处理城邦事务的时候，你会很容易地获得你所想望的就不足奇怪了。"

第　七　章

苏格拉底劝勉有才干的、熟悉公共事务的哈尔米戴斯参加政府工作，免得被人指责为游手好闲，第 1—4 节。哈尔米戴斯不信自己有演说才能，苏格拉底用各种不同的话鼓励他，第 5—9 节。

当苏格拉底看到了可尊敬的，远比当时执政的人们更有本领 1
的格老孔[①]的儿子哈尔米戴斯却迟疑不敢向百姓讲话而且畏缩不愿管理城邦事务的时候，就对他说道，"喂，哈尔米戴斯，请告诉我，如果有一个人，能够在竞赛中夺取冠冕，从而使自己获得荣誉，使自己的出生地在希腊国土上更有光荣，却拒绝参加竞赛，你以为这是一种什么样的人呢？"

"我以为他一定是个胆小鬼和懦夫，"哈尔米戴斯说。

"如果一个人，"苏格拉底继续说道，"能够管好城邦的事务，增 2

① 这个格老孔，是老格老孔，是柏拉图和上述小格老孔的外祖父。——译者

进城邦的福利，而且因此使自己受到尊敬，却畏缩而不这样做，把他看做一个懦夫，难道不是很恰当的吗？”

“也许是，”哈尔米戴斯回答道，“不过，你为什么这样问我呢？”

“因我以为，”苏格拉底回答道，“你所能够管好的事，你却畏缩不做，而且这还是你作为一个公民所必须参与的事哩。”

3 “你从哪一桩事上彻底了解到我有这种能力，以致你竟这样指责我呢？”哈尔米戴斯问。

“在你和管理城邦事务的人们来往的那些社会交际中我就了解到你有这种能力了，”苏格拉底回答，“因为人们无论什么时候和你交谈，我看到你总是给予他们很好的忠告，而当人们有错误的时候，你总是正确地指出了他们的错误。”

4 “可是，苏格拉底，”哈尔米戴斯说道，“私人之间的谈话和大庭广众之间的争论不是一回事情呵！”

“不过，一个会数数的人，在大庭广众之间数和独自一个人数都会同样的准确；那些独自儿弹琵琶弹得很好的人，在大庭广众之间也会弹得同样的出色，”苏格拉底说。

5 “但是，难道你看不出害羞和胆怯是人类的天性，当我们在群众面前的时候他们对我们的影响比在私人谈话的时候大得多吗？”

“我正是要提醒你这件事，”苏格拉底说道，“在最有智慧的人面前你并没有感到惭愧，在最强有力的人面前你也没有感到害怕，
6 而在最愚昧无知、最微不足道的人面前你倒害羞得说不出话来了！这些人当中叫你害羞的是擀毡工人（γναφεύς），还是补鞋匠，还是铜匠，还是农民，还是批发商，还是在市场上斤斤计较贱买贵卖的人们呢？因为整个国民议会都是由这些人组成的。你怎么能以为

自己所做的和那些训练有素的运动员害怕毫未受过训练的门外 7
汉，有任何的区别呢？因为你能够从容不迫的和那些在城邦占领导地位的人们交谈，而这些人中有些是瞧不起你的；你比那些管理城邦事务的人们在言谈方面也强得多；然而对于那些从未考虑过管理政务，而且也从来没有瞧不起你的人们，你竟因为怕他们的嘲笑就畏缩不敢讲话！”

“难道你看不出，”哈尔米戴斯问道，“国民议会里的人们，甚至 8
对于正确的言论也常常嘲笑吗？”

“但是别的人[①]也是这样呵！”苏格拉底说道，“所以，我对你感到惊奇的是，你能够很容易地对付那些人，而对于这些算不了什么
的人们反倒以为自己无法应付。哦，我的好朋友，不要不认识自 9
己，不要犯大多数人所犯的错误；因为尽管许多人急于察看别人的事情，对于他们自己的事情却不肯加以仔细的察看。因此不要忽略这件事情，要努力更多地注意到你自己；不要轻忽城邦的事务，只要力所能及，总要尽力对它们加以改善；因为如果把城邦的事务弄好了，不仅对于别的公民，至少对你的朋友和你自己也有很大的好处。”

第　八　章

苏格拉底答复阿里斯提普斯关于辨析善和美的问题时所运用

① 别的人（Οἱ ἕτεροι），指上文所说那些“最有智慧”、“最有能力”、“管理城邦事务的人们”。——译者

的方式是，向他说明，任何事物的本身都无所谓善恶，而只是在和其他事物联系起来时才有善恶可言，第1—3节，任何事物在其本身也无所谓美丑，事物之美必须从其用处方面加以考虑，第4—7节。他的有关房屋的言论也有同样的意义，第8—10节。

1 当阿里斯提普斯试图像苏格拉底从前盘问他自己时那样地盘问苏格拉底的时候，苏格拉底为了使那些和他在一起的人们获得益处，在回答他的时候，没有像那些谨防自己的话会被歪曲的人，而是像那些坚决相信，最低限度，自己应当做得正确的人那样回答了他。

2 阿里斯提普斯问苏格拉底，知道不知道什么东西是好的，其用意是，如果苏格拉底说像饮食、金钱、健康、膂力、胆略之类是好的话，他就可以向他证明，这些东西有时候却不是好的。但是，苏格拉底知道，当有什么东西引起我们的痛苦的时候，我们总需要用一些东西来制止它，因而就非常巧妙地回答道："你是问我，什么东西

3 对热病是好的吗？"

"不是，"阿里斯提普斯回答。

"那么，什么东西对眼炎是好的吗？"

"也不是。"

"对饥饿是好的？"

"也不是对饥饿是好的。"

苏格拉底说道，"你问我知道不知道的，既不是对任何东西是好的，那么，我只好说，不知道，而且也不想知道。"

4 阿里斯提普斯又问道，"你知道不知道什么东西是美的？"

苏格拉底回答道："美的东西多得很。"

“那么,他们都是彼此一样的吗?”阿里斯提普斯问。

“不然,有些东西彼此极不一样,”苏格拉底回答。

“可是,美的东西怎么能和美的东西不一样起来呢?”阿里斯提普斯问。

“自然咧,”苏格拉底回答道,“理由在于,美的摔跤者不同于美的赛跑者;美的防御用的圆盾和美的便于猛力迅速投掷的标枪也是极不一样的,”苏格拉底回答。

“这和我问你,知道不知道什么东西是好的的时候,你所给我 5
的回答一点不同都没有,”阿里斯提普斯说道。

“难道你以为,”苏格拉底回答道,“好是一回事,美是另一回事吗? 难道你不知道,对同一事物来说,所有的东西都是既美又好的吗? 首先,德行就不是对某一些东西来说是好的,而对另一些东西来说才是美的。同样,对同一事物来说,人也是既美又好的;人的身体,对同一事物来说,也是显得既美而又好,而且,凡人所用的东西,对它们所适用的事物来说,都是既美又好的。”

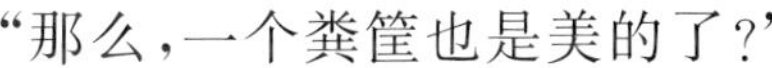

“那么,一个粪筐也是美的了?” 6

“当然咧,而且,即使是一个金盾牌也可能是丑的,如果对于其各自的用处来说,前者做得好而后者做得不好的话。”

“难道你是说,同一事物是既美而又丑的吗?”

“的确,我是这么说——既好而又不好。因为一桩东西对饥饿 7
来说是好的,对热病来说可能就不好,对赛跑来说是美的东西对摔跤来说,往往可能就是丑的,因为一切事物,对它们所适合的东西来说,都是既美而又好的,而对于它们所不适合的东西,则是既丑而又不好。”

8 当苏格拉底说，同一所房子可能既美观而又适用的时候，我以为，他就是在教导我们，应当建造什么样的房子。

他是这样考虑问题的：

“难道一个想要有一所合适的房子的人不应当想方设法，尽可能把它造得使人住在里面感到最舒畅而又最合用吗？”

9 这一点一旦被同意了，他就又问，“那么，把它造得夏天凉爽，冬天暖和，岂不就会令人住在里面感到很舒畅了吗？”

当这一点也得到同意的时候，他就又说道，“在一所朝南的房子里，太阳在冬天照进走廊里来，但在夏天，则照在我们的头上，照在屋顶上，从而给我们提供了阴凉。如果这种办法是很好的话，那么，我们在造房子的时候，就应当把朝南的部分造得高些，使冬天的阳光不致被遮住，把朝北的部分造得矮些，使它不至受到冷风的

10 袭击；总而言之，一个人无论什么时候都能极其愉快地住在里面，并在其中非常安全地储藏自己的东西的房子就是最舒适最美好的房子。至于书画和装饰品之类，它们给人提供的乐趣倒不如它们减少的多。”①

苏格拉底说，庙宇和祭坛的最适当的位置是任何一个最容易看得到，而又最僻静的地方；因为在这样的光景中祈祷是愉快的，怀着纯洁的心情走近这样的场所也是愉快的。

---

① 为什么书画和装饰品给人提供的乐趣倒不如它们减少的乐趣多，历来学者对此有不同的猜测，有的认为购置这些书画和装饰品要浪费大量的金钱，有的认为这些东西给人的麻烦超过它们本身的价值，也有人认为当时有些希腊人为了保护这些书画和装饰品不受太阳光线的损害，竟把放置这些东西的房子造得不朝阳光，从而损害了住在里面的人的健康。究竟哪一种猜测对，现在还无法断定。——译者

第 九 章

苏格拉底给勇敢、明智、自制、疯狂、忌妒、懒惰、指挥、幸福下了不同的定义。各人的勇敢并不一样；可以由运用而增强，第1—3节。明智、自制彼此没有分别，第4节。正义和其他的德行都是智慧，第5节。明智的对立面就是疯狂；无知和疯狂不同，第6—7节。忌妒就是由于想到别人的幸福而感到心中不好受，第8节。懒惰就是不愿从事有益的工作，第9节。实际指挥的并不仅是那些拥有指挥之名的君王、首长等人，而是那些知道怎样指挥的人，第10—13节。人生的最良好的目的就是把事情做好；把事情做好和投机取巧的区别，第14—15节。

当他再一次被问勇敢是由教育得来的还是天生就有的时候， 1
苏格拉底回答："我以为正如一个人的身体生来就比另一个人的身体强壮，能够经得住劳苦一样，一个人的灵魂也可能天生的比另一
个人的灵魂在对付危险方面更为坚强；因为我注意到：在同一种法 2
律和习俗之下成长起来的人们，在胆量方面是大不相同的。不过我以为，人的一切天生的气质，在胆量方面，都是可以通过学习和锻炼而得到提高的。因为很显然，斯库泰人和色雷斯人①是不敢拿圆盾和标枪来和拉开代莫人作战的；而拉开代莫尼人也一定不会愿意拿小盾牌和短矛来和色雷斯人交锋，或拿弓箭和斯库泰人
作战。我看在所有其他方面，人和人之间也都同样天生就有所不 3
同，而且也都可以通过勤奋努力而得到很多改进。因此，很显然，

① 斯库泰人和色雷斯人是古希腊北方的两个民族。——译者

无论是天资比较聪明的人或是天资比较鲁钝的人，如果他们决心要得到值得称道的成就，都必须勤学苦练才行。”

4 苏格拉底对于智慧和明智并未加以区别，而是认为，凡是知道并且实行美好的事情，懂得什么是丑恶的事情而且加以谨慎防范的人，都是既智慧而又明智的人。当有人问他是不是认为那些明知自己应当做什么而倒去做相反事情的人也是既智慧而又能自制的人的时候，他回答道：“绝不是，而是认为这样的人是既不智慧而又不能自制的人，因我以为，所有既智慧而又能自制的人都是宁愿尽可能地做对他们最有益的事情，因此，做不义之事的人，我认为都是既无智慧也不明智的人。”

5 苏格拉底还说：正义和一切其他德行都是智慧。因为正义的事和一切道德的行为都是美而好的；凡认识这些事的人绝不会愿意选择别的事情；凡不认识这些事的人也绝不可能把它们付诸实践；即使他们试着去做，也是要失败的。所以，智慧的人总是做美而好的事情，愚昧的人则不可能做美而好的事，即使他们试着去做，也是要失败的。既然正义的事和其他美而好的事都是道德的行为，很显然，正义的事和其他一切道德的行为，就都是智慧。

6 苏格拉底说，疯狂就是智慧的对立面。但他并没有把无知认为就是疯狂。不过，一个人如果不认识自己，把自己所不知道的事倒以为，而且相信自己知道，他认为就是很接近于疯狂了。他说，许多人并不把在大多数人所不知道的事上犯错误的人称为疯狂的
7 人，而是把那些在大多数人所知道的事上犯了错误的人称为是疯狂的人。因为如果一个人以为自己非常的高，以致他在经过城门的时候还要弯下腰来，或者以为自己非常有力，以致他竟试着要把

房子举起来，或者试图做任何人都明知是不可能的其他事情，他们就称这样的人是疯狂的人；但许多人并不把那些在小事上犯错误的人称做疯狂的人。正如他们把强烈的欲望称作爱情，同样，他们也把重大的智力错乱[①]称作疯狂。

在考虑到忌妒的时候，他发现忌妒是一种苦痛，但并不是因朋 8
友的不幸而感到的苦痛，也不是由于敌人的成功而产生的苦痛；他说只有那些因朋友的成功而感到苦痛[②]的人才是好忌妒的人。当有人表示惊异，任何人对于自己所爱的人的成功会感到苦痛的时候，他就提醒他们说，许多人对别人都抱这样一种心情：当别人遭遇不幸的时候，他们是不能不加闻问的，而总是要解救他们的不幸的，然而对于别人的成功他们却可能感到不安。聪明的人虽然不会发生这种事情，但对愚人来说，这种情况是经常有的现象。

在考虑到懒惰这一问题的时候，苏格拉底说他发现几乎所有 9
的人都在做着某种的事情，因为连掷骰子的和小丑们也是在做着某种的事情；但他认为所有这些人都是懒惰的，因为他们都本可能去做一些更好的事情。可是，并没有人能说不做较好的事去做较坏的事是懒惰，如果有人竟这样做的话，苏格拉底认为不能说这是懒惰，只能说是做了一件很不好的事情。

苏格拉底说，君王和统治者并不是那些拥大权、持王笏的人， 10
也不是那些由群众选举出来的人，也不是那些中了签的人，也不是那些用暴力或者凭欺骗手法取得政权的人，而是那些懂得怎样统

① 原文 παράνοιαυ，是从 παρα（错误）和 νοέω（知觉、思维）构成。——译者

② 原文 ἀνι'αω，有不愉快，不高兴，闷闷不乐之意。——译者

11 治的人。当有人承认统治者的职责在于发号施令而被统治者的职责在于服从的时候，他就向他们说明，在一只船上，懂得〔业务〕的人是统治者，而船主和所有其他在船上的人都听命于这个懂得的人；在农业方面，农场主，在疾病方面，有病的人，在体格锻炼方面，从事锻炼的人，以及其他一切有事需要照管的人，如果他们以为自己懂得的话，都是亲自照管，如果自己不懂，他们就不仅服从那些在场而懂得的人，而且，如果懂得的人不在场，他们还会打发人去请他们，以便自己服从他们的领导，做自己当做的事情。他还说明，在纺织方面，妇女统治着男人，因为妇女懂得怎样纺织，而男人则不懂。

12 如果有任何人反对这些话说，一个暴君[①]就可能拒绝服从说正直话的〔臣民〕，他就会问道："既然不服从忠告的人要受到处罚，怎么能说他可能拒绝服从呢？因为如果有人不服从忠告，他在不服从忠告的事上就一定要犯错误，犯错误就要受处罚。"

13 如果有人说，暴君可能把进忠告的人处死，苏格拉底就反驳说，"难道你以为，把自己的最好的战友处死的人能够不受处罚吗？或者，他所受的处罚会是轻微的吗？你以为做这样事的人会是安然无恙，或者更可能的是，他会很快地遭到灭亡呢？"

14 当有人问，在他看来，一个人应当努力追求什么最好的时候，苏格拉底答道，"应当努力追求把事情做好。"当再被问道，在他看来，应不应当追求好运气的时候，他就说道，"至少在我看来，运气和行为是完全相反的两件事情；因为我认为不经追求就获得了所

① 原文 Τυράννος，一译"僭主"。——译者

需要的东西这是好运气，而通过勤学和苦练来做好一桩事情，这才是我所谓的把事情做好，那些努力这样做的人，在我看来，就是在
把事情做好的人。”他又说道，“最好而最为神所钟爱的人，在农业 15
方面，是那些善于种田的人；在医药方面，是那些精于医道的人；在政治方面，是那些好的政治家们；至于那些不能把事情做好的人，既没有任何用处，也不为神所钟爱。”

第 十 章

苏格拉底希望通过对工匠们谈论他们的各种不同的工艺而对他们有所裨益。论绘画，第1节。论表现完善的美，第2节。论表现内心的感情，第3—5节。论雕塑，第6—8节。论胸甲的优点，第9—15节。

每逢苏格拉底和那些有技术并且靠技术谋生的人们谈话的时 1
候，他对他们也很有用处。

有一次当他进到绘画师帕拉西阿斯[①]的家里和他谈话的时候，他对他说道，“喂，帕拉西阿斯，难道绘画不是对于我们所看到的事物的一种表现吗？无论如何，你们绘画师们总是通过色彩来忠实地描绘那些低的和高的、暗的和明的、硬的和软的、粗糙的和光滑的、新鲜的和古老的〔形形色色的事物的〕。”

“你说的对，”帕拉西阿斯回答。

---

① 帕拉西阿斯是以弗所的一个名画家，当时住在雅典，当苏格拉底和他谈话时，他年纪还很轻，大约只有30岁左右。——译者

2 “还有，当你们描绘美的人物形象的时候，由于在一个人的身上不容易在各方面都很完善，你们就从许多人物形象中把那些最美的部分提炼出来，从而使所创造的整个形象显得极其美丽。”

3 “的确，我们正是这样做的，”帕拉西阿斯回答。

“那么，你们是不是也描绘心灵的性格，即那种最扣人心弦、最令人喜悦、最为人所憧憬的最可爱的性格呢？还是这种性格是无法描绘的？”苏格拉底问。

帕拉西阿斯回答道：“啊，苏格拉底，怎么能描绘这种既不可度量，又没有色彩，也没有你刚才所说的任何一种性质，而且还完全看不见的东西呢？”

4 “那么，可不可以从一个人对于别人的眼色里看出他是喜爱还是仇恨来呢？”苏格拉底问。

“我想是可以的，”帕拉西阿斯回答。

“那么，这种情况是不是可以在眼睛上描绘出来呢？”

“当然可以，”帕拉西阿斯回答。

“至于朋友们的好的或坏的情况，在那些关心他们的和不关心他们的人的脸上，你想是不是都有同样的表情呢？”

“当然不是，”帕拉西阿斯回答道，“因为他们都对朋友们的好情况感到高兴，对于他们的坏情况感到忧愁。”

“那么，能不能把这种情况表现出来呢？”

“当然能够，”帕拉西阿斯回答。

5 “而且，高尚和宽宏，卑鄙和褊狭，节制和清醒，傲慢和无知，不管一个人是静止着，还是活动着，都会通过他们的容貌和举止表现出来。”

“你说得对，”帕拉西阿斯回答。

“这样一来，这些也都是可以描绘的了？”

“毫无疑问，”帕拉西阿斯回答。

“那么，你认为人们更喜爱看的是反映美丽、善良和可爱品格的绘画呢，还是那些表现丑陋、邪恶、可憎形象的绘画呢？”

“苏格拉底，这两者之间的确有很大的区别，”帕拉西阿斯回答。

有一次苏格拉底访问雕塑家克雷同，在和他谈话的时候对他 6
说道，“克雷同，你所雕塑的赛跑家、摔跤家、拳击家和格斗家的形象都很美妙，这是我所看得出来而且知道的，不过，那种对观者来说，最引人入胜的、栩栩如生的神情你是怎样创造出来的呢？”

当克雷同踌躇不决，不能立刻回答的时候苏格拉底又进一步 7
问道，“是不是由于你使自己的作品酷肖生物的形象，它们才显得更加生气勃勃呢？”

“肯定是这样，”克雷同回答。

“是不是由你随着身体的不同姿态而产生的各部位的下垂或上举，挤拢或分开，紧张或松弛，都描绘得惟妙惟肖，才使它形态逼真、令人深信不疑呢？”

“完全不错，”克雷同回答。

“对于正在以身体从事某种行动的人们的感情的忠实的描绘， 8
岂不是也会在观赏者心中产生某种的满足吗？”

“这至少是很自然的，”克雷同回答。

“这么一来，也就应该对于战斗者赫然逼人的目光加以描绘并对于胜利者的喜悦的神情加以摹拟了？”

“那是非常必要的，”克雷同回答。

“既然如此，”苏格拉底说道，“一个雕塑家就应该通过形式把内心的活动表现出来了。”

9 有一次当苏格拉底访问胸甲制造者皮斯提阿斯的时候，皮斯提阿斯把造得很好的胸甲指给苏格拉底看，苏格拉底说道：“我指着赫拉女神[①]说话，皮斯提阿斯，胸甲是个很巧妙的发明，它把人
10 身需要遮蔽的地方都遮蔽起来，但同时却不妨碍手的运用。”“不过，”苏格拉底又补充说道，“皮斯提阿斯，请告诉我，你的胸甲既不比别人造的更结实，也不比别人造的需要花更多的费用，为什么你要卖得比别人的贵呢？”

“啊，苏格拉底，这是因为我造的东西比别人的更为适称，”皮斯提阿斯回答。

“你怎么表现出它们的适称来呢，是在尺寸方面呢，还是在重量方面，从而使你可以向人家索取更高的价钱呢？因为我想，如果你把它们造得合用的话，你就不会把它们造得都完全相等或完全一样。”

“我当然把它们造得合用，因为一个胸甲要是不合用就一点用处也没有了，”皮斯提阿斯说。

11 “既然如此，人们的身体岂不是有的长得适称而有的不适称吗？”

“的确是这样，”皮斯提阿斯回答。

---

① 赫拉女神是宙斯的妹妹和妻子。希腊收获神克拉诺斯的长女，Νὴ Τὴν ῞Ηραν 是希腊人强调肯定语气时的惯用的说法。——译者

“那么，你怎么能造出一个合用于身体长得不适称的人的适称的胸甲来呢？”

“总是要把它造得合用，”皮斯提阿斯说，“因为合用的东西就 12
是适称的。”

“我想，”苏格拉底说道，“你所说的适称，不是就事物的本身来说，而是就其和使用者的关系来说，正如你可以说一个圆盾或一件短外衣，对于那些合用的人来说就是适称的一样，并且按照你的说法，对于其他事物也有同样的情形。但是，合用还可能有另外一些
不小的好处。” 13

“苏格拉底，如果你知道它还有什么好处，就请你指教指教吧，”皮斯提阿斯说。

“合用的胸甲尽管和不合用的胸甲是同样的重，也会显得压力小一些；因为不合用的胸甲，完全沉沉地吊在肩上，其压在身体的其他部分上，既很沉重，又非常难受；合用的胸甲，它的重量均匀地分布在锁骨、肩膀、上臂、胸、背和腹部，与其说是一个重担，倒不如说是一个自然的附加物。”

“你说的正对，”皮斯提阿斯说道，“我之所以认为我的制品有 14
极大的价值就是因为这个缘故；可是，有些人却喜欢购买带花式的和镀金的胸甲。”

“但是，”苏格拉底说道，“如果因为这个缘故他们所买到的竟是些不合用的东西，在我看来，他们就是买了一些带花式的和镀金
的祸害了。不过，”苏格拉底接着说道，“由于身体并不总是只有一 15
种姿势，而是有时弯曲，有时伸直，一个严格精确的胸甲又怎能合用呢？”

"那是不可能的，"皮斯提阿斯回答。

"你的意思是说，"苏格拉底问道，"合用的并不是严格精确的，而是使人用起来不感到难受的？"

"你说得正对，"皮斯提阿斯回答，"苏格拉底，你理解得完全正确。"

第　十　一　章

苏格拉底访问赛阿达泰[①]并和她进行了谈话，第 1—9 节。他告诉她，没有仁爱的和良好的感情流露是不会获得真正朋友的，第 9—12 节。他提醒她，在满足欲望的同时必须谨防厌腻，第 13—14 节。告别时，苏格拉底的俏皮话，第 15—18 节。

1 当时在城里住着一个名叫赛阿达泰的女人，她是这样的一个人，无论谁，只要赢得她的欢心，她都会和他发生关系。和苏格拉底在一起的人中有一个人提到了她，说这个女人美得简直无法用言语形容，并说画家们常去给她画像，只要是在礼貌所容许的范围内，她总是尽量地把自己的身体显示给他们看。苏格拉底说道，"我们必须去看她一眼，因为既然是言语所无法形容的，就绝不是单凭传闻就可以领会的。"

2 提到这事的人说道，"那就紧紧跟着我来吧。"于是他们就动身

① 赛阿达泰是当时的一个名妓，据传说她后来做了雅典著名领袖阿尔克比阿底斯的情妇。阿尔克比阿底斯被杀后，她曾用自己的衣服覆盖在他的尸体上并将其焚毁。——译者

朝着赛阿达泰那里走去，正巧遇到她摆着姿态站在一位画家面前，他们就观看了一会儿。

画家画完之后，苏格拉底说道，“诸位[①]，是我们应该因赛阿达泰把自己的美显示给我们看而更为感激她呢，还是她应该因我们观看了她而更为感激我们呢？这次展出是对她更有好处，从而她应该感激我们呢，还是这次参观是对我们更有好处，从而我们应该感激她呢？”

有一个人表示，这话说得很有道理。于是苏格拉底继续说道， 3
“所以，在现在，她所获得的好处就是我们对她的赞扬，而在以后，当我们把这事向许多人宣传开的时候，她还会获得更多的好处；至于我们呢，在现在，我们已经渴想结识我们所看到的〔美人儿〕了，我们将会心情激动地离去，等我们走开之后，还不知会多么想念呢[②]！这事的自然结果是，我们将会成为她的崇拜者，而她则成为我们崇拜的对象。”

“既然如此，”赛阿达泰说道，“当然是我应该因你们来看我而感激你们了。”

这时，苏格拉底注意到她穿戴着非常昂贵的服饰，和她在一起 4
的母亲穿戴得也很不平凡，还有许多打扮得不错的侍婢，家中的其他摆设也非常富丽堂皇。

“请告诉我，赛阿达泰，你有田产吗？”苏格拉底问道。

“我可没有田产，”赛阿达泰回答。

① 原文ʹΩ ἄνδρες，直译为“人们啊”。——译者

② 原文 ποθήσυμεν，ποθέω，有“怀念”之意。——译者

“也许有房子可以收租吧？”

“也没有房子，”她回答。

“那么，有会手艺的奴隶吧？”

“也没有会手艺的奴隶。”

“那么，从哪里来的生活需用呢？”

“如果有人成了我的朋友，愿意做好事，他就是我的生活倚仗。”

“赛阿达泰，”苏格拉底说道，“我指赫拉女神对你说，这种产业
5 好极了，它比获得一群绵羊、山羊和公牛要强多了。”“不过，”苏格
拉底又接着说道，“你是靠赖运气，仿佛朋友会像苍蝇那样飞到你
跟前来呢，还是用什么计策吸引他们呢？”

6 “我怎么能想得出这样的一个计策来呢？”赛阿达泰问道。

“当然有办法，”苏格拉底说道，“这比蜘蛛织网还要方便得多，因为你知道，蜘蛛是怎样寻得养生资料的；它们织成纤细的蛛网，把凡落在上面的当作自己的食物。”

7 “难道你也建议我织一个网子不成？”赛阿达泰问道。

“当然，不能认为，不用计谋就能猎获像朋友这样一个最有价
值的猎物，难道你没有注意到猎人为了猎获价值极微小的野兔，还
用许多计谋吗？由于野兔是在夜间出来找食，他们就准备有夜间
行猎本领的猎犬来追逐它们；由于野兔一到白天就会逃跑躲藏起
8 来，他们就准备另一种猎犬，这种猎犬能够嗅出野兔从草地到兔穴
所留下的气味而把它们找寻出来；由于野兔脚步敏捷，很快就会跑
得看不见了，他们就准备另一批跑得非常快的猎犬，以便通过急追
而捕获它们；由于有些野兔甚至还会逃过这些猎犬，他们就在它们

逃跑的路上撒下罗网，使它们奔撞在这些罗网上，腿脚被缠住。”

“我怎能用这一类的方法来猎获朋友呢?”赛阿达泰问道。 9

“当然能够，”苏格拉底回答道，“只要你不是用猎犬而是用一个人去给你寻找那些爱美而又富有的人们，找到之后，再想方设法把他们赶进你的罗网中来。”

“我，我哪里来的罗网呢?”赛阿达泰问。

“当然你有一个咧，而且还很能够把人缠住哩，这罗网就是你 10
的身体；在身体里面你还有一个灵魂，它懂得怎样以目示意，取悦于人，说什么话令人高兴，它也懂得应该如何高高兴兴地款待那些殷勤求爱的人，也懂得怎样给纨袴子弟饷以闭门羹；它细心照顾身体虚弱的朋友，向有美好成就的人表示热情的祝贺，并全心全意地厚待那些热情关怀你的人。至于相爱，我相信你是懂得的，它不仅需要有温柔，而且还需要有一颗真诚善良的心。你的朋友之所以要讨你的欢心，我知道这是因为你不仅用言语，而且还用行为，使他们对你深为折服。”

“的确，”赛阿达泰说道，“这些计谋我连一个都没有想到过。”

“所以，”苏格拉底接下去说道，“非常要紧的是，必须按照一个 11
人的性情运用正确的方法来对待他，因为你绝不能通过武力来猎获或保住一个朋友，因为朋友是这样一种动物，必须善待他，使他感到愉快，他才能被你捉住并向你表示忠诚。”

“你说的是实话，”赛阿达泰说。

苏格拉底接下去说道：“首先你只能要求那些求爱的人做他们 12
极不费力就可以做到的事情，然后你还要慷慨地还报他们，这样他们就会向你由衷地表示忠诚，长久地爱你，并尽量地善待你。但如

13 果你等他们向你提出要求的时候才把你的爱情给予他们，他们对你的感激心情就会最大。因为你看，即使是最美味的食物，如果是在人还不想吃的时候就给他摆上，也会觉得没有滋味，如果是在他吃饱的时候给他摆上，甚至还会令他讨厌，但如果是在人们饥饿的时候给人们什么，那么，即使是比较粗粝的食物，也会觉着很可口了。”

14 “我怎能使人对我的爱情感到如饥如渴呢？”赛阿达泰问。

“首先，”苏格拉底说道，“对于那些已经感到满足的人，就不要再把你的爱情给他们，也不要使他们想起这件事来，直到他们满足的心情已经消逝，再度感到有需要的时候，你就以非常正经的谈吐和半推半就的姿态对付他们，使他们如饥如渴的心情达于顶点，因为在这样一个时刻，同样的赐予比在人还没有感到那么迫切需要的时候给他要强得多了。”

15 “那么，苏格拉底，”赛阿达泰说道，“你为什么不和我一道来猎取朋友呢？”

“只要你能说服我，我就一定照办，”苏格拉底回答。

“我怎么能说服你呢？”赛阿达泰问。

“如果你真的需要我，你自己会找出办法来的，”苏格拉底说。

“那么，你常到我这儿来吧，”赛阿达泰说道。

16 苏格拉底拿自己的悠闲生活开玩笑地说道：“但是，赛阿达泰，我可是个极不容易得到有闲工夫的人。因为有许多私事和公事简直使我忙得不可开交。我有许多的女朋友[①]，无论白天黑夜，他们

① 原文 Φίλαι（情妇），这是苏格拉底开玩笑的说法，仿佛赛阿达泰有许多男朋友，他自己也有许多女朋友。——译者

都不容许我离开她们。她们向我学习恋爱术[①]和符咒。”

“啊，苏格拉底，你也懂得这些吗?”赛阿达泰问。 17

“难道你以为阿帕拉多拉斯[②]和安提斯泰尼斯一直不离开我是为了什么别的缘故吗？凯贝塔和西米阿斯[③]从赛比到我这里是为了什么呢？你应该清楚地知道，如果没有大量的恋爱术、符咒和魔轮[④]，这样的事是不会发生的。”

“那么，请把这个魔轮借给我吧，”赛阿达泰说道，“我要首先转 18
动它，把你吸引到我跟前来。”

“哪里的话，”苏格拉底说，“我是不愿被你吸引的，你应该到我这里来。”

“我就到你跟前来，”赛阿达泰说，“可是你要让我进来呀。”

“只要没有比你更可爱的人和我在一起，我总会让你进来的!”苏格拉底说。

第十二章

苏格拉底指出，体育锻炼对于身体和精神都有好处，第 1—4 节。健康和精力旺盛的优点，第 5—8 节。

① 原文 Φίλτρα，是指任何足以引起爱情的东西而言，这些东西可能是药品，也可能是其他法术，英语的 philter(春药)就是从这个希腊字得来的。——译者

② 阿帕拉多拉斯是一崇拜苏格拉底的人，他常和苏格拉底在一起。据柏拉图记载，苏格拉底受审和死在狱中时他都在场。——译者

③ 参看本书第 1 卷第 2 章第 48 节，苏格拉底死时这两人也在场，凯贝塔即开贝斯。

④ 原文ἴυγξ，魔轮，原是一种鸟名，古代希腊巫者，将其缚于轮上而转动其轮，据说能使失恋者恢复爱情。——译者

1 看到和他在一起的艾皮根奈斯年轻而身体很不好时，苏格拉
底说道："艾皮根奈斯，你的身体多么缺乏锻炼啊！"

"我本来就不是一个运动员啊，"艾皮根奈斯回答。

苏格拉底反驳道，"那些参加奥林比亚锦标争夺赛的人，也不
见得比你更是运动员啊！难道你以为雅典人随时可能决定向敌人
进行的生死存亡的斗争是一件小事吗？说实在的，有不少人在战
2 争的危险中，由于身体虚弱[①]而死去，或者，可耻地偷生，也有许多
人为了同一原因而被人俘虏，而且一旦做了俘虏，他们以后一辈子
就要度最难忍受的奴隶生活（如果这是他们的命运的话），或者被
迫而陷于最惨重的痛苦之中，为了赎身，付上全部所有还嫌不足，
余下的生活就只好在匮乏与贫困中度过；还有许多人，由于身体孱
3 弱，给自己招来耻辱，被人认为懦夫。你是对于因身体不好而带来
的这些缺点[②]认为是微不足道呢，还是你以为它们是容易忍受呢？
在我看来，那些当心身体健康的人所必须忍受的，要比忍受这些痛
苦容易并轻松得多，难道你以为身体不好比身体健康更为健全，更
4 为有益吗？还是你轻看身体健康所带来的那些好处呢？无论从哪
方面来说，身体健全的人的成就和身体不好的人的成就都是正相
反的；身体健全的人健康而强有力，许多人由于这个缘故在战争中
光荣地保全了自己，避免了各种危险；许多人求援了朋友，对祖国
作出了贡献，并因此而得到了人们应有的感激，获得了极大的荣誉
和无比的尊重。因此，他们能够在余下的一生中愉快地、光荣地生

① 原文 Καχεξίαυ，原指身体的不好习惯，这里是指身体孱弱而言。英文中的 cachexia，就是这个希腊字的译音。——译者

② 原文 Ἐπιτιμίωυ，刑罚。——译者

活，并把美好的产业遗留给自己的子孙。

“不要因为城邦没有正式规定军事训练，就自己也疏忽起来， 5
而是应该更加注意锻炼才是。应当明确知道，无论是任何其他竞
赛或任何事业，把身体锻炼好总不会吃亏的；因为人们所做的一切
事情都是需要用身体的，既然一切事都需要用身体，那么，尽可能
使身体保持最良好的状态，就是非常必要的了。即使在你认为需 6
用身体最少的思维活动中，谁不知道有许多人由于健康不良而大
大失败了呢？由于身体不好，健忘、忧郁、易怒和疯狂就会经常猛
烈袭击许多人的神智①，以致他们把已获得的知识全部丧失净尽。 7
但那些身体健康的人却有充分的保证，他们不会遭受由于身体不
好而遭受的危险，与此相反，由于身体健康倒很可能获致和身体衰
弱完全相反的有益效果。的确，一个有健全理智的人，为了获得和
我上边所说身体不好的人所遭受的完全相反的结果，还有什么不
能忍受的呢？”

“何况，使得本来可以通过锻炼而变得极其美好和矫健的身体竟因自己的疏忽而致孱弱衰老；这也是非常可耻的。但一个疏忽怠惰的人是不会看到这一点的，因为健康的身体通常是不会自发地产生的。”

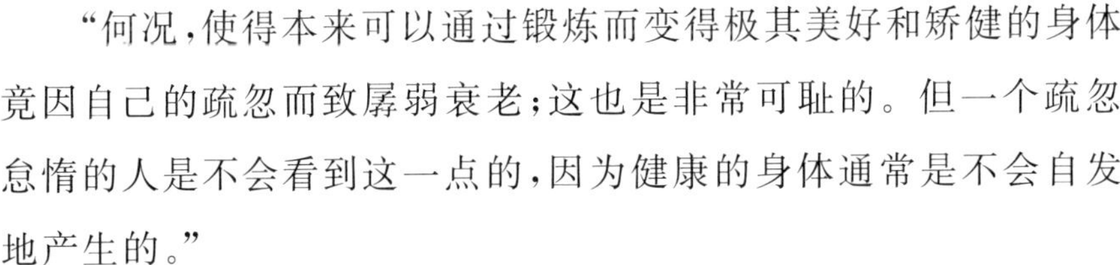

第　十　三　章

苏格拉底的几篇简短的言论。不应因别人的举止粗鲁而生

① 原文 διάνοια，有思想、智能、精神等意。——译者

气，正如不应因身体上有缺点而生气一样，第 1 节。禁食是医治厌倦食物的良方，第 2 节。对饮食不应过分考究，第 3 节。责罚奴隶的人应当想一想自己是不是应受同样的责罚，第 4 节。对旅行者的劝告，第 5 节。受过体育锻炼的人还不如一个奴隶能忍受劳苦是可耻的，第 6 节。

1 有一次，当一个人因自己向别人敬礼而没有受到回礼而生气的时候，苏格拉底说道："这太奇怪了，如果你遇到一个身体丑陋的人你是绝不会生气的，但遇到一个性情比较粗鲁的人你倒难受起来了！"

2 另一个人说他吃东西没有味道。苏格拉底说道："阿库梅诺斯[①]有一个治这病的好药方。"当被问道"是什么方子"的时候，苏格拉底答道："停止饮食，因为这么一来，你就会生活得愉快些、节约些、身体还会好些。"

3 又有一个人说，他在家里饮用的水是温的。苏格拉底说道，"那么，当你想用温水沐浴的时候就很方便了。"

"可是，用来沐浴又太凉了，"这个人回答。

"那么，"苏格拉底问道，"当你的奴隶们拿它来饮用和沐浴的时候，他们是不是感到不满意呢？"

"一点也不，"这个人回答，"相反，我对他们为这两种目的而用水的时候所表现的欢乐神情倒常感到非常的惊异。"

"你家里的水和阿斯克雷皮阿斯[②]神庙的水哪一种喝起来更

① 阿库梅诺斯是当时的一个医生，也是苏格拉底的朋友之一。——译者

② 阿斯克雷皮阿斯是雅典一位医药之神，在这神庙附近有一个温泉。——译者

温些呢？”苏格拉底问。

“是阿斯克雷皮阿斯神庙的水更温些，”这个人回答。

“你家里的水和阿姆非阿拉斯[①]神庙的水，用来沐浴，哪一种更凉些呢？”苏格拉底问。

“阿姆非阿拉斯神庙的水更凉些，”这个人回答。

“你在心里好好衡量一下吧，”苏格拉底说道，“看来你比奴隶和病人还更难满意哩。”

当一个人非常严厉地责罚他的侍从[②]的时候，苏格拉底问他 4
为什么这样苛刻地对待他的仆人。

“因为他既极好吃，又非常愚蠢，既很贪婪又非常懒惰，”这个人回答。

“你考没考虑过，”〔苏格拉底问道〕“谁应该多受责打，是你呢，还是你的仆人？”

有一个人很怕旅行到奥林比亚去。苏格拉底问道，“你为什么 5
怕旅行呢？你岂不是几乎整天地在家里走来走去吗？当你动身往那儿去的时候，你可以先走一程，然后吃早饭，再走一程，然后吃午饭，然后再休息休息。你岂不知道，如果你把五六天的路程合并起来走，你就会很容易地从雅典走到奥林比亚吗？但早走一天比晚走一天更惬意，因为被迫把旅程延长是令人讨厌的，但在路上多花一天却是很容易的事，因此，在一开始紧忙些比在路上紧忙强。”

另一个人说，他由于长途旅行，劳顿得很，苏格拉底问他背没 6

① 阿姆非阿拉斯是赛比斯的一位英雄人物，在他的庙附近也有一泉水。——译者

② 指当主人外出时经常跟着伺候主人的一个奴隶。——译者

背什么重担。

“当然没有，”这个人回答，“我只拿着我的外衣。”

“是你一个人走路呢，还是有一个侍从跟着你？”苏格拉底问。

“有一个侍从跟着我，”他回答。

“他是空着手呢，还是拿着什么东西？”苏格拉底又问。

“当然拿着被褥和其他行李，”这个人回答。

“他走完路程时怎么样呢？”苏格拉底问。

“我看他比我强，”那人回答。

“如果你们俩换一下，你背起他的担子，你想你会怎样呢？”苏格拉底问。

“当然很不好，而且很可能我根本走不动，”那人回答。

“所以，你应当想一想，一个受过教养的人做起事来怎么能连一个奴仆都不如呢？”

第　十　四　章

苏格拉底在餐桌上推崇俭朴的谈话。在聚餐的时候，客人和客人之间不应在提供的数量和质量方面进行竞赛，第 1 节。净吃肉菜或很少吃主食的人可以称之为 Ὀψοφάγος（老饕），肉食者，第 2—4 节。凡一次吃很多道菜的人从各方面来说都是很愚昧的，第 5—6 节。以清茶淡饭养生的人可以说是真正地 Εὐωχεῖσθαι（吃了酒席），第 7 节。

1　当那些自备食物一同聚餐的人们所带的肉食有少有多的时候，苏格拉底总是吩咐仆人们或者把这些少量肉食放在一起或者平均分配给各人一份。因此，那些带得多的人既然不好意思不从放在一起的菜中进食，也不好意思不依次把他们自己所带的放在大家面前；他们只好把他们自己所带的也让大家共同享用。当他们并不比那些带得少的人多所享用的时候，他们也就不再花大价钱购买肉食了。

当苏格拉底注意到那些聚餐的人中有一个人放着面包不吃而 2
单吃肉食的时候——这时人们正在讨论着事物的名称问题，每一种名称都是由什么样的行动而引起的——苏格拉底就问道："诸位，我们能说出一个人被称作老饕[1]是由什么样的行动而引起的呢？因为所有的人当他们有面包的时候都是把肉和面包一起吃的，但据我所知，并没有人因此而被称作老饕。"

"但是，"苏格拉底问道，"如果一个人并不是为了训练[2]的缘 3
故，只是为了满足口腹之欲而单单吃肉，不吃面包，这样的人是不是可以算是一个老饕呢？"

"〔如果这样的人不是老饕〕，那就很难说什么别的人是老饕了。"

在座的另一个人问道，"那吃很少一点面包而大量吃肉的人〔应该怎样称呼他〕呢？"

"依我看来，"苏格拉底说道，"把这样的人称做老饕也是公正的，而且，当别人向神祈求丰年的时候，他倒很可以求神给予大量的肉食哩！"

---

① 原文 ὀψοφάγος，肉食者。——译者

② 原文ἄσκησις，原指运动员的体育锻炼而言，当时的运动员为了增强体力，常大量吃肉。——译者

4 那个青年人[①]看出了苏格拉底的这些话是指他说的，但他并没有停止吃肉，而只是拿起一块面包伴着吃。当苏格拉底看到这情况的时候，他说道，"你们坐在旁边的，注意这个人了吧，他是拿面包就肉吃的呢，还是拿肉就面包吃呢？"

5 苏格拉底看到同席中的另一个人拿一块面包和各种不同的菜一同尝着吃的时候，说道："有什么吃法比同时吃好多种菜或同时把所有的调味品都塞进肚子里更为浪费或更足以破坏菜味的吗？因为这既是把比厨师们所烹制得更多的菜品混在一起，就使得菜价更为昂贵；而且，如果厨师们所做的是对的话，把他们所没有放

6 在一起烹制的东西混在一起，也是破坏了烹调技术呵。"的确，一个人请来了会做菜的高明厨师，而且，明知自己不懂烹调技术，却来〔任意〕改动他们所烹制好的菜肴，这怎能不是可笑的事呢？那些习惯于同时吃多种菜肴的人还有另一个坏处："因为，当没有多种菜肴摆在面前的时候，他就会因为缺少所惯有的花样而感到太简陋了，但那习惯于用一种菜肴就着一种面包的人，即使没有多种菜肴摆上，他也会丝毫不以为苦地安于一种菜肴的享用。"

7 苏格拉底常说，εὐωχεῖσθαι（吃得好）这个词在雅典人的方言里只叫做 ἐσθιέιν（吃），他认为加上个 ευ（好）乃是表示我们只应吃那些不使心灵或身体感受痛苦的食物或者难于获致的食物而已。因此，苏格拉底常把 εὐωχεῖσθαι 这个词应用于那些生活得有规律的人们。

---

① 青年人，即 2 节里所说聚餐时单吃肉食的人。——译者

第　四　卷

第　一　章

苏格拉底喜欢和青年人交往；他是怎样鉴别青年人的，他希望青年人受到良好的教育，第1—2节。如果受的教育不好，青年人的意志越坚强，就越容易犯罪，第3—4节。幸福不在于财富，而在于知识，在于做对人类有贡献的人，并获得人们的尊敬，第5节。

苏格拉底无论做什么事情，或在什么情况下，对人都很有帮 1
助，以致对任何一个肯思考的人来说（即使他只有很平凡的分辨能力），极其明显的是，没有什么比随时随地和苏格拉底交往、言谈，更有益处的事了。当他不在我们当中的时候，每逢回想到他，总给那些曾经和他在一起并敬仰他的人带来不少的益处，因为无论他在轻松谈笑的时候，或是在严肃认真的时候，都对人有帮助①。

苏格拉底常讲他热爱某某人，但显然他所爱的并不是那些人 2
的身体方面的年轻貌美，而是他们的心灵的倾慕美德。他鉴别人

① 此句直译为："因为就连他开玩笑的时候，所给人的帮助，也并不亚于他严肃认真的时候。"——译者

的善良品质是通过他们学会他们所注意的事物的速度,他们对于
所学得的事物的记忆能力,以及他们对于学习一切有助于管理好
家务、庄园、城邦和成功地处理人类事物的知识的渴慕程度;因他
认为,这样的人在受了教育之后,不仅他们本身会幸福,管好自己
3 的家务,而且还能使别人和城邦幸福。但苏格拉底对待人的方法
并不都是一样的。那些自以为禀赋好而轻视学习的人,他就教导
他们:越是禀赋好的人越需要受教育。他指出:烈性而桀骜不驯的
良种马,如果在小的时候加以驯服,就他成为最有用、最骁勇的千
里马,但如果不加以驯服,则始终是难以驾御的驽材而已。品种最
优良的、最经得住疲劳的、最善于袭击野物的猎犬,如果经过良好
的训练,就会最适于狩猎,而且最有用处,但如不经训练,就会变得
4 无用、狂暴、而且最不服使唤。同样,禀赋最优良的、精力最旺盛
的、最可能有所成就的人,如果经过教育而学会了他们应当怎样做
人的话,就能成为最优良、最有用的人,因为他们能够做出极多、极
大的业绩来;但如果没有受过教育而不学无术的话,那他们就会成
为最不好、最有害的人,因为由于不知应该选择做什么,就往往会
插手于一些罪恶的事情,而且由于狂傲激烈、禀性倔强、难受约束、
就会做出很多很大的坏事来。

5 对于那些以财富自夸,认为不需要受教育,财富会成就他们的
心愿,使他们受到人们的尊敬的人,他就教导他们说道:“只有愚人
才会自以为不用学习就能够分辨什么是有益的和什么是有害的事
情。也只有愚人才会认为,尽管不能分辨好歹,单凭财富就可以取
得自己所想望的并能做出对自己有利的事情。只有呆子才会认
为,尽管不能做出对自己有利的事情,但这也就是做得不错了,而

且也就是为自己的一生作了美好的或充分的准备了。只有呆子才会认为，尽管自己一无所知，但由于有财富就会被认为是个有才德的人，或者尽管没有才德，却会受到人们的尊敬。”

第　二　章

如果不受教育，好的禀赋是靠不住的。苏格拉底给自负的青年尤苏戴莫斯指出，无论什么技艺都需要请教师傅，第1—2节。苏格拉底给他指出，只有愚人才会自以为可以无师自通，第3—5节。受教育对政治艺术的必要性，第6—7节。通过一系列的质问，苏格拉底迫使尤苏戴莫斯承认自己的无知和无能，第8—23节。自我认识的价值，第24—30节。对尤苏戴莫斯的进一步的教育，第31—40节。

我现在要叙述一下苏格拉底如何对待那些自以为已经受到了 1
最好的教育并以智慧自夸的人。他听说绰号“美男子”的尤苏戴莫斯搜集了最有名的诗人和诡辩家的大量的作品，并自以为因此就有了超越同时代的人的才智，而且还深信自己会在言谈和举止方面超过所有的人。苏格拉底听说他目前由于年轻[①]，还没有参加集市议会，每逢他想要有所行动的时候，他总是去坐在靠近集市的一家马具铺里，因此，苏格拉底就常带着几个门人到那里去。

当苏格拉底第一次访问时有人问他道：“赛米斯托克勒斯[②]与 2

① 一般指在20岁以下的人。按希腊制度，一个男子必须到20岁才能在议会中有选举权和发言权。——译者

② 参看本书第二卷第六章第13节注。——译者

一般国民如此大不相同，以致每当城邦需要伟大人物时，人民总是仰望他，这是因为他和智者交往的缘故呢，还是因为他的自然禀赋特别优异呢？”

苏格拉底为了促使尤苏戴莫斯认真注意起见，说道：“如果说，没有多大价值的工艺，不必经过有本领的师傅指导就会自己精通这一见解是荒谬的，那么，把像治理城邦这样最伟大的工作，认为人们会自然而然地[1]做出来，那就更加荒谬了。”

3 又一次访问时，尤苏戴莫斯正在场，苏格拉底看出来他为了避免被人认为自己是在羡慕苏格拉底的智慧，正在准备从在座的人群中退出去，就说道：“诸位，从我们这位尤苏戴莫斯所专心致意钻研的事情看来，很显然，当他长大成人的时候，他对于城邦所提出来讨论的问题，是不会不出谋献策的。我看他已经为他的演讲准备好了一篇很好的开场白。为了不使人认为他曾从任何人学到过什么，这篇开场白一定会这样开始：

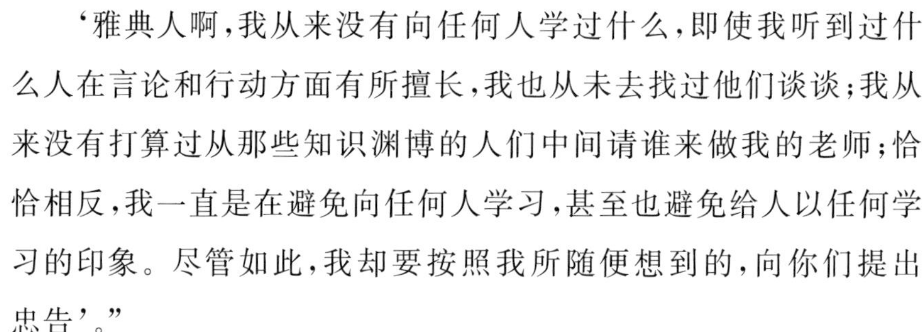

4 ‘雅典人啊，我从来没有向任何人学过什么，即使我听到过什么人在言论和行动方面有所擅长，我也从未去找过他们谈谈；我从来没有打算过从那些知识渊博的人们中间请谁来做我的老师；恰恰相反，我一直是在避免向任何人学习，甚至也避免给人以任何学习的印象。尽管如此，我却要按照我所随便想到的，向你们提出忠告’。”

5 “这篇开场白对于那些想要求城邦派他们担任医药工作的人们倒很合适；他们可以用这样的词句来开始：

① 原文直译为：“偶然地临到人们。”——译者

'雅典人啊，我从来没有向任何人学过医术，也没有找过任何医生做我的老师；因为我一直在避免向任何医生学习，甚至也避免给人以一种学习的印象。尽管如此，我还是求你们派给我一个医生的职务，因为我将试着在以你们为试验品的过程中进行学习'。"

这一开场白使得所有在座的人都哄笑了起来。

当尤苏戴莫斯显然已经觉察到苏格拉底所说的，但却仍闷声 6
不响以为这样保持沉默，就可以给人以一种谦虚谨慎的印象的时候，苏格拉底为了使他结束这种伪装，就说道："奇怪的是，那些想学竖琴、笛子、骑马，或熟练任何这一类的事情的人们，对于他们所想学会的技艺，总是毫不间断地勤学苦练，而且不是单凭自己，还要请教那些公认为最精于此道的人们。他们千方百计，坚持不懈地刻苦钻研，无论做什么事都要征求师傅的意见，以为非如此就不足以有可称道的成就。然而，在那些立志做成功具有演讲和实践才能的政治家的人们中间，却有些人以为不必经过准备和钻研，就
可以自动地忽然间取得这些成就。其实很显然，后者[①]比前者[②]更 7
难成功，因为尽管有许多人从事后一种工作，但成功的却很少。因此很明显后者需要更为巨大的艰苦的努力。"

在一开始，苏格拉底讲这些话的时候，尤苏戴莫斯只是听着， 8
但当苏格拉底发觉尤苏戴莫斯比较肯耐心而且比较认真地听他讲话的时候，他就独自走进马具铺里去，可是，尤苏戴莫斯也跟着在他旁边坐下了。于是苏格拉底对他说道："尤苏戴莫斯，请告诉我，

① 指上文竖琴、笛子、骑马等。——译者

② 指做政治家。——译者

听说你收藏了一大批据说是智者所写的书，是当真的吗？”

尤苏戴莫斯回答道，“苏格拉底，这一点也不假，而且我正在继续收集着，使它尽可能地多起来哩。”

9 “说实在的[①]，”苏格拉底说道，“我非常钦佩你不选择金银而宁愿珍藏智慧；因为很显然，你认为金银并不能使人变得更好些，但智者的见解却能使它们的所有者在德行方面丰富起来。”

尤苏戴莫斯非常欢喜听这番话，因为他以为苏格拉底认为他
10 是在很正确地追求智慧。苏格拉底看出他对这种夸奖感到很高兴，就接下去说道：“尤苏戴莫斯，你收藏这些书，是想得到什么样的好处呢？”

当尤苏戴莫斯由于考虑怎样回答这个问题而沉默不语的时候，苏格拉底问道：“莫非你想当个医生吗？因为医生的著作是很多的啊。”

尤苏戴莫斯回答道：“不，这不是我干的事。”

“那么，莫非你想做个建筑师？因为这一行也是需要有本领的人啊。”

“我可没有这个想法，”尤苏戴莫斯回答。

“也许你非常想当个优良的量地师[②]，像赛阿多拉斯[③]那样？”

“我也不想当量地师，”尤苏戴莫斯回答。

---

① 原文 Νὴ τὴν Ἥραν，是苏格拉底爱用的口头语，意同 Νὴ τὸν Δία，强调语气，但一般是女人所用。——译者

② 量地师，原文为 γεωμέτρης，英译的几何学(Geometry)就是从这个希腊字得来，如果在现在，γεωμέτρης就也可译为几何学家了。——译者

③ 赛阿多拉斯是居兰尼人，曾教苏格拉底量地术。见柏拉图：《泰阿泰德》(严群译：《泰阿泰德，智术之师》一书中译为德兴多罗。商务印书馆 1963 年版)。——译者

“也许你想当个天文学家，”苏格拉底问。

但他对于这一点也否认了，“那么也许你想当个游吟诗人？”苏格拉底问道，“听说你收藏了荷马的全部史诗。”

“我可不想当游吟诗人，”尤苏戴莫斯回答道，“因为尽管游吟诗人对史诗非常熟练，但我知道他们本人却是非常愚蠢。”

苏格拉底说道：“尤苏戴莫斯，也许你是希望得到一种治国齐 11
家的本领，既有资格当领导，又能使别人和自己都得好处？”

尤苏戴莫斯回答道：“苏格拉底，我非常希望得到这样的本领。”

苏格拉底说道，“你所希望得到的，的确是最美妙的本领和最伟大的技能，这是属于帝王的，一般人称之为帝王之才。”“不过，”苏格拉底接下去说道，“你考虑过没有，一个非正义的人能掌握这种才能吗？”

“我考虑过了，”尤苏戴莫斯回答，“一个人如果是非正义的，连一个良好的公民也做不了。”

“那么，你是不是已经有了这种才能呢？”苏格拉底问。 12

“苏格拉底，”尤苏戴莫斯回答道，“我想我的正义并不亚于任何人。”

“一个正义的人，是不是也像工匠一样，会有所作为呢？”苏格拉底问。

“当然有，”尤苏戴莫斯回答。

“那么，正像一个工匠能够显示出他的作为一样，正义的人们也能列举出他们的作为来吗？”

“难道你以为我不能举出正义的作为来吗？——我当然能

够——，而且我也能举出非正义的作为来，因为我们每天都可以看到并听到不少这一类的事情。”

13 “那么，你愿意，”苏格拉底问道，“我们把 δ 写在这边，把 α[①]写在那边，然后再把我们认为正义的作为写在 δ 的下边，把我们认为非正义的作为写在 α 的下边好吗？”

“如果你认为需要这些字母，你就这样做好了，”尤苏戴莫斯回答。

14 苏格拉底照他所建议的写完了以后，问道，“虚伪是人们中间常有的事，是不是？”

“当然是，”尤苏戴莫斯回答。

“那么，我们把它放在两边的哪一边呢？”苏格拉底问。

“显然应该放在非正义的一边。”

“人们彼此之间也有欺骗，是不是？”苏格拉底问。

“肯定有，”尤苏戴莫斯回答。

“这应该放在两边的哪一边呢？”

“当然是非正义的一边。”

“是不是也有做坏事的？”

“也有，”尤苏戴莫斯回答。

“那么，奴役人怎么样呢？”

“也有。”

“尤苏戴莫斯，这些事都不能放在正义的一边了？”

“如果把它们放在正义的一边那可就是怪事了。”

① δ是希腊文 δίκαιος（正义）的第一个字母，α 是ἄδικος（非正义）的第一个字母。——译者

“如果一个被推选当将领的人奴役一个非正义的敌国人民，我 15
们是不是也能说他是非正义呢？”

“当然不能。”

“那么我们得说他的行为是正义的了？”

“当然。”

“如果他在作战期间欺骗敌人，怎么样呢？”

“这也是正义的，”尤苏戴莫斯回答。

“如果他偷窃，抢劫他们的财物，他所做的不也是正义的吗？”

“当然是，不过，一起头我还以为你所问的都是关于我们的朋友哩，”尤苏戴莫斯回答。

“那么，所有我们放在非正义一边的事，也都可以放在正义的一边了？”苏格拉底问。

“好像是这样。”

“既然我们已经这样放了，我们就应该再给它划个界线：这一 16
类的事做在敌人身上是正义的，但做在朋友身上，却是非正义的，对待朋友必须绝对忠诚坦白，你同意吗？”苏格拉底问。

“完全同意，”尤苏戴莫斯回答。

苏格拉底接下去又问道：“如果一个将领看到他的军队士气消 17
沉，就欺骗他们说，援军快要来了，因此，就制止了士气的消沉，我们应该把这种欺骗放在两边的哪一边呢？”

“我看应该放在正义的一边，”尤苏戴莫斯回答。

“又如一个儿子需要服药，却不肯服，父亲就骗他，把药当饭给他吃，而由于用了这欺骗的方法竟使儿子恢复了健康，这种欺骗的行为又应该放在哪一边呢？”

“我看这也应该放在同一边，”尤苏戴莫斯回答。

“又如，一个人因为朋友意气沮丧，怕他自杀，把他的剑或其他这一类的东西偷去或拿去，这种行为应该放在哪一边呢？”

“当然，这也应该放在同一边，”尤苏戴莫斯回答。

18 苏格拉底又问道，“你是说，就连对于朋友也不是在无论什么情况下都应该坦率行事的？”

“的确不是，”尤苏戴莫斯回答，“如果你准许的话，我宁愿收回我已经说过的。”

19 “准许你这样做是完全必要的，”苏格拉底说，“因为这比把行为放得不正确要好得多。”“至于那些为了损害朋友而欺骗他们的人（这一点我们也不应弃置而不予以考虑），你想哪一个是比较地更非正义，是那些有意的呢，还是无意的呢？”

“苏格拉底，我对于我自己的回答再也没有信心了，因为我先前所说的一切现在看起来都和我当时所想的不一样了。尽管如此，我还要说，那有意说谎的比起无意说谎的人要更非正义些。”

20 “那么，你是不是认为有一种学习和认识正义的方法，正像有一种学习和认识文字的方法呢？”

“我想有。”

“你想哪一个更有学问些，是那有意写得不正确并念得不准确的人呢，还是那无意之中写得不正确、念得不准确的人呢？”

“我以为是那有意的人，因为，无论什么时候，只要他愿意，他就能够做得正确。”

“那么，那有意写得不正确的人可能是有学问的人，但那无意写错的人则是没有学问的人？”

“怎能是别样呢？”

“是那有意说谎骗人的知道正义呢，还是那无意说谎、骗人的人呢？”

“显然是那有意这样做的人。”

“那么你是说，那知道怎样写和念的人比那不知道的人更有学问？”

“是的。”

“那么，那知道正义的人也是比那不知道的更正义些了？”

“似乎是这样；可是我好像不知道怎么说才好了。”

“但是，一个想说实话而总是说不准的人，当他指路的时候，时 21
而说这条路是向东，时而又说它是向西；当他算账的时候，时而算得是多，时而又算得是少，你以为这样的人怎样呢？”

“很显然，他以为自己知道的事，其实他并不知道。”

“你知道有些人是叫作有奴性的人吗？” 22

“知道。”

“这是因为他们有知识呢，还是因为无知？”

“显然是因为无知。”

“他们得到这样的称号，是不是因为他们不知道怎样打铁呢？”

“当然不是。”

“那么，也许是因为不知道怎样做木匠活？”

“也不是因为那个缘故。”

“那么，是因为不会做鞋吧？”

“都不是，因为恰好相反，大多数会做这类手艺的人都是些奴颜婢膝的人。”

“那么，他们得到这种名称是不是因为他们对于美、善和正义的无知呢？”

“我想是这样。”

23 “这样，我们就当用一切方法努力避免做奴颜婢膝的人了。”

“说实在的，苏格拉底，我曾非常自信自己是一个喜爱研究学问[①]的人，并且还希望，通过这种钻研，能够达到一个才德兼备的人所应该具有的造诣；但现在你想想看，当我看到自己费了这么多的辛苦，连一个最应该知道的问题都回答不出的时候，我对自己该是多么失望啊！而且我连有什么别的方法改善这种情况，都还不知道哩。”

24 苏格拉底说道：“尤苏戴莫斯，请告诉我，你曾经到过德尔非没有？”

“去过两次。”

“你曾经看到在庙墙上刻的‘认识你自己’那几个字吗？”

“看到过。”

“对于这几个字你是没有思考过呢，还是你曾注意过，并且察看过自己是怎样的人呢？”

“我的确并没有想过，我以为对这一切我已经都知道了，因为如果我还不认识自己，就很难说知道任何别的事了。”

25 “但你以为一个人只知道自己的名字，就是认识了他自己呢，还是像那些买马的人，在没有察看过马是驯服还是桀骜，是强壮还是软弱，是快还是慢，以及骏马和驽马之间的其他各方面的好坏情

① 原文 Φιλοσοφία，哲学。——译者

况以前，总不认为自己已经认识了所要认识的马那样，必须先察看了自己对于作为人的用处如何，能力如何，才能算是认识自己呢？”

“这样看来，一个不知道自己能力的人，就是不认识自己了。”

“那么，岂不是很显然，人们由于认识了自己，就会获得很多的 26
好处，而由于自我欺骗，就要遭受很多的祸患吗？因为那些认识自
己的人，知道什么事对于自己合适，并且能够分辨，自己能做什么，
不能做什么，而且由于做自己所懂得的事就得到了自己所需要的
东西，从而繁荣昌盛，不做自己所不懂的事就不至于犯错误，从而
避免祸患。而且由于有这种自知之明，他们还能够鉴别别人，通过
和别人交往，获得幸福，避免祸患。但那些不认识自己，对于自己 27
的才能有错误估计的人，对于别的人和别的人类事物也就会有同
样的情况，他们既不知道自己所需要的是什么，也不知自己所做的
是什么，也不知道他们所与之交往的人是怎样的人，由于他们对于
这一切都没有正确的认识，他们就不但得不到幸福，反而要陷于祸 28
患。但那些知道自己在做什么的人，就会在他们所做的事上获得
成功，受到人们的赞扬和尊敬。那些和他们有同样认识的人都乐
意和他们交往；而那些在实践中失败的人则渴望得到他们的忠告，
唯他们的马首是瞻；把自己对于良好事物的希望寄托在他们身上，
并且因为这一切而爱他们胜过其他的人。但那些不知道自己做什 29
么的人们，他们选择错误，所尝试的事尽归失败，不仅在他们自己
的事物中遭受损失和责难，而且还因此名誉扫地、遭人嘲笑、过着
一种受人蔑视和揶揄的生活。”

“你看，凡是不自量力，去和一个较强的国民交战的城邦，它们不是变成废墟，就是沦为奴隶。”

30 “苏格拉底，你放心吧，我也认为认识自己是很好的事，”尤苏戴莫斯回答道，“可是，认识自己，应该从哪里着手呢？我希望你会愿意给我详细讲一讲。”

31 “那么，”苏格拉底问道，“我想你一定知道什么东西是好和什么东西是坏吧？”

“当然，”尤苏戴莫斯回答，“如果我连这一点都不知道，那我就简直连一个奴隶都不如了。”

“好，那就请你对我讲一讲吧，”苏格拉底说。

“这个不难，”尤苏戴莫斯答道，“首先，我认为健康是好事，疾病是坏事。其次，饮食和生活习惯，作为导致这两者的原因，凡能导致健康的就是好事，凡导致疾病的就是坏事。”

32 “那么，”苏格拉底说，“健康和疾病本身，当它们是好事的原因的时候就该是好事，而当它们是坏事的原因的时候就该是坏事了？”

“但是，”尤苏戴莫斯问道，“什么时候健康会成为坏事的原因，疾病倒会成为好事的原因呢？”

“当一部分人由于身体健康参加了远征，遭到惨败，或参加海战，全军覆没而丧失生命，但另一部分人由于身体衰弱被留下而得保全，以及其他许多诸如此类的事情，都属于这种情况。”

“你说得不错，”尤苏戴莫斯说道，“但是，你瞧，也有些人由于身体健康而参加了有利的事业，而另一些人由于身体衰弱而向隅的啊。”

“那么，像这类有时有益，有时有害的事，到底是好事呢，还是坏事呢？”

“的确，单凭空论很难说准它们是好事或是坏事。可是，苏格 33
拉底，无可置辩智慧是一件好事；哪里有什么事，一个有智慧的人不能比一个不学无术的人做得更好的呢？”

“怎么，”苏格拉底问道，“你没有听过戴达洛斯[①]如何由于有智慧被米诺斯囚禁，被迫为奴，远离本土，丧失自由，当他和他的儿子一齐逃跑的时候，不但丧失了儿子，而且连自救也不能，终于被带到野蛮人那里，再度沦为奴隶吗？”

“的确有这种传说，”尤苏戴莫斯回答。

“你没有听过帕拉梅代斯[②]所受的苦难吗？人们经常传说他如何由于有智慧而遭到俄底修斯的嫉恨并被害死。”

“这种传说也是有的，”尤苏戴莫斯回答。

“你知道有多少人由于有智慧而被带到大君[③]面前，在那儿过着奴隶的生活吗？”

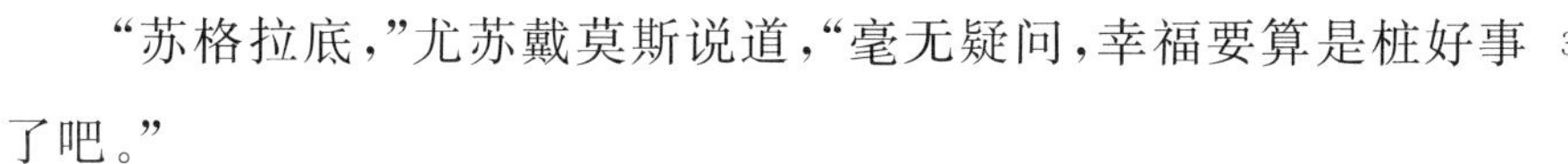

“苏格拉底，”尤苏戴莫斯说道，“毫无疑问，幸福要算是桩好事 34
了吧。”

“幸福如果不是由有问题的好事构成的，就可以算做好事了，”苏格拉底说。

“构成幸福的事中，哪些是有问题的好事呢？”尤苏戴莫斯问。

“如果我们不把美貌、膂力、财富、光荣和诸如此类的事包含在

① 传说中古希腊著名发明家，曾为克里新王米洛斯建造迷宫，据云，曾以蜡制的翅膀贴于身上飞翔。——译者

② 传说中古希腊一个非常聪明的发明家，曾因他的聪明遭受到俄底修斯的嫉恨。——译者

③ 这里指波斯王，参看第三卷第五章第二十六节。——译者

幸福之中,那就没有有问题的好事了,”苏格拉底回答。

“但是,”尤苏戴莫斯说道,“当然我们要把它们包含在幸福之中的,如果没有这些,还成什么幸福呢?”

35 “那么,”苏格拉底说道,“我们就的确是把许多给人类带来痛苦的事放在幸福之中了。因为有许多人由于美貌而被那些见美倾心的人败坏了;许多人由于自信体力强大而去尝试力所不逮的工作就遭到了不少的祸患;许多人由于财富而腐化堕落,遭人阴谋暗算而毁灭了;许多人由于他们的荣誉和政治能力而遭到了极大的灾难。”

36 “既然我连称赞幸福也做得不对,那我就只好承认我真不知道向神明求什么才好了。”

“也许”,苏格拉底说道,“你由于过分自信已经知道这些事,所以你并没有对他们作过充分的考虑。但是,你所准备领导的城邦既然是个民主城邦,你总该知道民主(δημοκράτια)是什么吧!”

“我想,无论如何,这一点总是知道的,”尤苏戴莫斯回答。

37 “你想,不知道什么是民(δῆμος),能够知道什么是民主吗?”

“当然不能。”

“那么,你以为民是什么呢?”

“我以为民就是国家里的穷人①。”

“那么,你知道谁是穷人吗?”

“怎能不知道呢?”

① 原文 Πένης,本指每日以劳动为生的人而言,应译为“劳动人民”,但由于苏格拉底在下面把 Πένης和 Πλούσιος(富人)对立而且还把 Τύραννος(僭主)也包括在 Πένης之内,显然他用的是这词的转义,即“穷人”而言。——译者

“那么，你也知道谁是富人吗？”

“我知道谁是富人像我知道谁是穷人一样。”

“那么，你称哪一类的人为穷人，哪一类的人为富人呢？”

“凡所有不足以满足其需要的我认为就是穷人，凡所有不仅足够而且有余的人都是富人。”

“你曾经注意过没有，对于有些人来说，他们所有的虽然很少， 38
却不仅足够，而且还有富余，而对于另一些人，所有的虽然很多，却仍不够？”

“的确如此，”尤苏戴莫斯回答道，“你提醒得很对，我知道甚至有些僭主，由于匮乏，而不得不像最穷苦的人一样，去做违法乱纪的事。”

“既然如此，”苏格拉底说道，“我们就应当把僭主放在人民之 39
中，而把那些尽管所有不多，但却善于经营管理的人置于富人之列了。”

尤苏戴莫斯回答道，“很明显，由于我自己的无知，我也不得不同意这一点了；我想我最好是静默不语，因为我简直什么都不知道。”于是尤苏戴莫斯垂头丧气地走开了，他很鄙弃自己，认为自己实在是一个奴才。

许多被苏格拉底这样对待的人都不再到他跟前来了；他认为 40
这些人都是些（不堪造就的）蠢材。但尤苏戴莫斯认为，要想做一个值得称道的人，除了尽可能多和苏格拉底交流外，没有别的办法。因此，如果不是万不得已，他总是不离开他。尤苏戴莫斯还模仿了苏格拉底的一些经常的举动。

当苏格拉底看到尤苏戴莫斯有这种情形的时候，就很少再使他感到狼狈,而总是以最简单、最明确的方式把自己认为他最需要知道的和在实践方面最有益的事指教他。

第　三　章

节制或自制以及对神有正确观念的必要性,第 1—2 节。神明眷佑世人,第 3—9 节。其他动物都是神为人而造的,第 10 节。除了次等动物和人所共有的感官外,神明还赐给人以理性和语言,第 11—12 节。我们虽然看不见神,凭他们所做的工作就可以确信他们是存在的,第 13—14 节。因此,应该按照我们的经济条件敬奉神,第 15—18 节。

1 苏格拉底并不是急于要求他的从者口才流利,有办事能力和心思巧妙[①],而是认为对他们来说,首先必需的是自制[②];因他认为,如果只有这些才能而没有自制,那就只能多行不义和多作恶事罢了。

2 首先,苏格拉底努力使他的弟子们在神明面前保持自制。当他对别人讲这事时和他在一起的人们有些已经描述过他的谈话了,以下是他和尤苏戴莫斯谈论时我亲自听到的。

3 "尤苏戴莫斯,请告诉我,"苏格拉底说道,"你曾经考虑过神明是如何为供给人们的需要而操心吗?"

"没有,我从来没有想到过,"尤苏戴莫斯回答。

---

① 原文 μηχανικός,这个词当名词用时为工匠,ἡ μηχανική。——译者

② 原文 σωφροσύνη,这个词有自制、节制、健全理智、清醒等意。——译者

“但是，”苏格拉底说道，“你一定知道我们首先需要的光，正是神明把它供给我们的吧？”

“这当然知道，如果没有光，我们的眼睛就像瞎子一样了，”尤苏戴莫斯回答。

“在另一方面，由于我们还需要休息，神明就把最好的休息时间黑夜供给我们。”

“这的确也是值得我们感谢的，”尤苏戴莫斯回答。

“白天由于太阳的光辉，我们可以分辨时辰并判明其他一切事 4
物；而黑夜由于昏暗，什么都分辨不清，神明岂不是使星星在夜间照耀，使我们能分辨夜更时分，并因而能做许多必要的事吗？”

“是这样。”

“还有，月亮不仅给我们划分了黑夜，而且还给我们划分了月令。”

“的确如此，”尤苏戴莫斯回答。

“此外，由于我们需要粮食，神明就使田地给我们出产粮食，并 5
且给我们提供了适宜于生产粮食的季节，不仅使我们所需要的得到丰富多彩的供应，而且还使我们赏心悦目，你对这一切是怎样看法呢？”

“的确，这一切表现了对于人类的关怀，”尤苏戴莫斯回答。

“神明还把对我们极有价值的水供给我们，它和土地与季节一 6
起，使一切对我们有用的东西生长繁殖，给我们提供营养，当水和我们的食物混合起来的时候，就使这些食物更容易消化，更有益处并更为适口，而且，由于我们需用水很多，神明就毫不吝惜地供给我们。〔你对这一切又是怎样看法呢？〕”

“这也表示了神明的先见之明，”尤苏戴莫斯回答。

7 “神明还把火供给了我们，即使我们免于受冷，又使我们免于黑暗，火对于一切工艺都有帮助，对于人类为自己所策划的一切也都有益处。总而言之，人类为了保全生命所策划的一切有益的事情，若不借助于火，就毫无价值可言。〔对于这，你又是如何想法呢？〕”

“这更进一步表现了对于人类的关怀，”尤苏戴莫斯回答。

8 〔“神明毫不吝惜地使空气到处环绕着我们，不仅保全和维持了生命，而且我们还能借助于它漂洋渡海到别处去，在外国购买货物，这岂不是难以言语形容的恩赐吗？”

“的确是难以形容的恩赐。”〕①

“还有，当冬至以后，太阳转回的时候，随着它的接近，使一些植物成熟，却使另一些成熟期已过的植物枯萎，在完成了这些事以后，就不再向我们接近，而是掉转离开我们，仿佛深怕向我们提供的热量超过了我们的需要会伤害我们似的；在他再度远离我们的过程中，到了很明显，如果再远一些我们就会因寒冷而冻僵的时候，他就会再度转向我们，接近我们，它总是在天空中对我们最有益的部位旋转着，你对于这种情况又是怎样看法呢？”

---

① 方括号的一段话，一般希腊原本和译本都没有，只有补翁古典丛书的英译本有，据说只见于一种抄本，Kühner 认为是伪作，这里的译文是根据纽约，D. Appleton and Company，1872 年版，*Xenophen's Memorabilia of Socrates*，with notes and introduction by R. D. C. Robbins 的希腊文译出。因一般版本没有，特将原文抄录如下：[τò δὲ καὶ ἀέρα ἡμὶν ἀφθόνως οὔτω πανταχοῦ διαχῦσαι，οὐ μόνονπρόμαχου κὰι σύντρεφον ξωῆς，ἀλλὰ καὶ πελάγη περᾶν δι' αυτοῦ καὶ τἀὲπιτήδεια ἄλλους ἀλλαχόθ' καὶ ἐν ἀλλυδαπῆ στελλομένους ποριζεσθαι，πῶς οὐχ ὑπὲρ λόγον；—'Ανέκφραστον. —]。——译者

“的确，”尤苏戴莫斯回答道，“这一切似乎都是为了人类的缘故而发生的。”

“还有，既然很明显，如果这种事突然出现，不论是热或是冷我 9
们一定都受不了，因此，太阳接近我们，总是逐渐的①，离开我们也是逐渐的，使我们不知不觉地就到了冷或热的顶点，〔你对于这种情况又是怎样看法呢？〕”

“我，”尤苏戴莫斯回答道，“怀疑神明除了为人类服务以外，还做什么别的工作。惟一令我感到为难的一点是其他生物也和人类共享这种好处。”

苏格拉底回答道，“其他生物的成长也是为了人类，这一点难 10
道还不是很清楚吗？有什么其他生物像人这样从山羊、绵羊、马、牛、驴和其他动物身上得到许多的好处呢？我以为，人类从这些动物身上得到的好处要比从果品上得到的多。至少他从前者所得到的在营养和贸易方面的好处并不比后者少。许多人都不是用田间出产的果品当食物，而是靠从牲畜身上得来的奶、干酪和肉类来维持生活；所有的人都驯服并饲养有用的牲畜，用它们的战争和其他许多方面来为自己服务。”

“在这方面我也同意你所说的，”尤苏戴莫斯说道，“因为我看到许多比我们强大的动物，对人竟如此地驯服，以致人可以随意地使唤它们。”

“还有，由于美好和有用的事物很多，而且它们都各不相同，神 11
明就赋予人以和各种事物相适应的感官，使得通过这些感官，我们

① 原文 Κατὰ μικρόν，直译为“一点一点的”。——译者

能够享受各种美好的东西；此外，神明又把推理能力培植在我们心里，使我们通过这种推理能力对我们的感觉对象进行推理并把它们记在心里，从而明确地知道每一事物给我们提供些什么样的好处，并且想出许多方法来享受那些美好的事物，避免那些不好的事
12 物。此外，神明还把表述能力赐予我们，通过这种表述能力我们可以用教导的方法，使别人也和我们一同分享所有好的事物，制定法律，管理国家。〔你对这一切又是怎样想法呢？〕”

“苏格拉底，看来神明的确是为了关怀人类而做了许多工作。”

“由于我们不可能预先知道在将来什么事对我们有利，神明就通过占卜术来协助我们，把事物的结局向求问的人宣示明白，教导他们怎样做就会产生最好的效果。〔你对于这又是怎样看法呢？〕”

“苏格拉底，”尤苏戴莫斯说道，“看来神明对你比对别人更为友好，因为他们 不待求问就把你应当做什么和不应当做什么预先告诉你。”

13 “如果你不是期待看到神的形象，而是以看到神的作为就敬畏和尊崇他们为满足，你就会知道我所说的都是真话。要想一想，神明自己已经把这一点指示我们了。因为别的神[①]在把好东西赐给我们的时候都不是以明显可见的方式把它们赐给我们的，惟有那位安排和维系着整个宇宙的神（一切美好善良的东西都在这个宇宙里头），他使宇宙永远保持完整无损、纯洁无疵、永不衰老、适于为人类服务，宇宙服从着神比思想还快，而且毫无误失。这位神本身是由于他的伟大作为而显示出来的，但他管理宇宙的形象却

① 原文 ἄλλοι，复数，显然苏格拉底是个多神主义者。——译者

是我们看不到的。还要想一想，即使对于众人都极其明显的太阳，也是不让人对它本身作精确的窥视的。如果有人轻率地去凝视它，它就会使他丧失视力，还有，神的仆役们也是看不见的。闪电从天上发出来是看得见的，它落在所有他所打击的人身上，但它的来到，打击和离去都是看不见的。风本身是看不见的，但它的作为对我们却是显然的，它的来临，我们也觉察得出来。尤其是人的灵魂，比人的其他一切更具有神性，灵魂在我们里面统治着一切是显然的，但它本身却是看不见的。" 14

"考虑到这一切，我们就不应当轻看那些看不见的事物，而是应当从它们的表现上体会出它们的能力来，从而对神明[①]存敬畏的心。"

"苏格拉底，"尤苏戴莫斯说道，"我的确知道，对于神明我是丝毫也不敢怠慢的，但当我一想到没有人能够对于神明的恩惠作出足够的报答的时候，我就泄气了。" 15

"尤苏戴莫斯，不要泄气，"苏格拉底说道，"你知道住在德尔菲的神对于人们向他提出的'怎样讨神的喜悦？'这个问题的答复是：是遵从城邦的风俗。但我想，一切地方的风俗都是：按照自己的能力向神明献上和解的祭品。所以，有什么比按照他们自己所吩咐的做，能够更好地并更虔诚地表示对于神明的尊重呢？不过，重要的是，所献的不应当低于自己的能力。因为任何人如果这样做，那就是很明显地不尊重神明了。凡是尽力尊重神的人都要高兴振奋 16 17

① 这里的原文是"Tὸ δαιμόνιον"，通常苏格拉底用这个词来表示他的守护神，但在这里则是指一般的神明而言。——译者

起来，等待神最大的祝福，除了等待那最能帮助我们的神，我们还能等待什么别的人赐予我们更大的祝福呢？除了讨神的喜悦，再也没有别的办法了。除了最大限度地服从神，还有什么更能讨他们喜悦的事呢？”

18 就这样，苏格拉底通过自己的言论和行为，使那些和他在一起的人生活得更为虔诚，更有节制。

第　四　章

苏格拉底谆谆教导门徒要热爱正义。他以自己的行为给他们留下了坚持正义的榜样，第1—4节。他和一个智者希皮阿斯谈话，第4—9节。空谈正义不如躬行正义，第10—11节。服从法律是正义的一部分；法律是什么？第12—14节。谁是国家的最好的长官，第15节。普遍地遵守法律就能维持和谐一致，第16—18节。有些不成文法，如果违犯了就不能不受惩罚，第19—24节。遵守神的律法就是正义，第25节。

1 关于正义，苏格拉底并不隐瞒自己的看法，而总是通过他的行为把自己的心意显示出来。在他的私人生活方面，他严格遵守法律并热情帮助别人；在公众生活方面，在法律所规定的一切事上他都服从首长的领导，无论是在国内或是从军远征，他都以严格遵守
2 纪律而显著地高出于别人之上。当他做议会主席的时候，他不让群众作出违反法律的决议来，为了维护法律，他抵抗了别人所无法
3 忍受的来自群众的攻击。当三十僭主命令他做违背法律的事的时候，他曾拒绝服从他们。当他们禁止他同青年人谈话并吩咐他和

另外一些公民把一个人带去处死的时候，只有他一个人因这个命
令与法律不合而拒绝执行[①]。当他因米利托斯[②]的指控而受审的 4
时候，别的被告都习惯于在庭上说讨好法官的话，违法地去谄媚他们、乞求他们，许多人常常由于这种做法而获得了法官的释放，但苏格拉底在受审的时候却绝不肯做任何违法的事情，尽管如果他稍微适当地从俗一点，就可以被法官释放，但他却宁愿守法而死，也不愿违法偷生。

当他和别人谈话的时候他就是常常这样说的，我知道有一次 5
他和艾利斯人希皮阿斯[③]谈论正义的时候就是这样。当希皮阿斯在离开雅典一个时期以后又回来的时候，他碰到苏格拉底正在对人讲论着：如果一个人要某人去学鞋匠、或木匠、或铜匠、或骑马，毫无问题，他知道应当派他到什么地方去学；〔甚至有人还说，如果有任何人要使他的马和牛受到正确的训练的话〕会训练的人也到处皆是[④]。奇怪的是，当一个人自己或使他的儿子或家奴去学习正义的时候，却不知道到哪里去学。

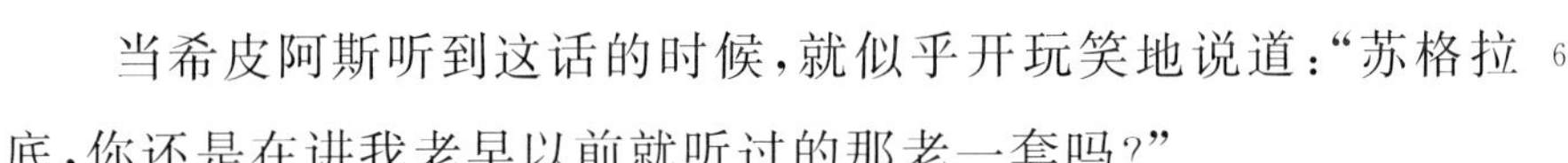

当希皮阿斯听到这话的时候，就似乎开玩笑地说道：“苏格拉 6
底，你还是在讲我老早以前就听过的那老一套吗？”

苏格拉底回答道，“是的，希皮阿斯，我讲的不仅是老一套，比这更奇怪的是，我还是讲的同一个题目哩！但也许由于你是见多

① 指赖昂而言，赖昂是撒拉米出身的一个富有的雅典公民，为了避免三十僭主而逃回撒拉米，僭主们吩咐苏格拉底和另四个公民到撒拉米去把他带来处死，另四个人服从了，只有苏格拉底拒不执行。——译者

② 米利托斯是控诉苏格拉底的主要人物。——译者

③ 希皮阿斯是当时一个有名的智者，柏拉图的著作里常提到他。——译者

④ 方括弧里的原文，有些学者认为是后人伪作。——译者

识广的人，你是不会对同一题目作同样讲述的。”

“的确，”希皮阿斯回答，“我总是企图讲点新鲜的东西。”

7 “是不是对于你所确实知道的事情，例如，关于字母，如果有人问你 Σωκράτης（苏格拉底）这个词里有多少和哪些字母，你现在的回答也是和从前不一样呢？或者关于算术，如果有人问你二五是否得十，你现在的回答也和从前不一样吗？”

“苏格拉底，”希皮阿斯回答道，“关于这些，我也和你一样，总是讲一样的话，但是关于正义，我准知道我现在所能说的是你或任何别的人所无法反驳的。”

“的确，”苏格拉底说道，“你所发现的是一件很大的好事，这么
8 一来，法官们再也不会[①]作出相反的判断，公民们再也不会争执什么是正义，也不会打官司，不会争吵了，国与国之间再也不会为权利而引起纠纷并进行战争了；在我还未听到你这么一个伟大的发明之前，我真不知道怎么能够和你分手。”

9 “可是，我说老实话，”希皮阿斯说道，“在你没有把自己对于正义的看法讲出之前，你是听不到的；你总是在嘲笑着别人，质问、驳斥着每一个人，这已经够了，而你自己却不肯把理由告诉任何人，无论关于什么事都不肯把自己的意见说出来。”

10 “怎么？希皮阿斯！”苏格拉底说道，“我从来也没有停止表示过我自己对于正义的看法，难道你没有觉察到吗？”

“你这算是什么一种理由呢？”

“如果说，”苏格拉底回答道，“我没有借着言论，至少我已借着

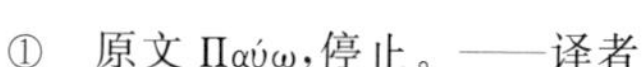

① 原文 Παύω，停止。——译者

行为把我的看法表示出来了，难道你不认为，行为比言论更有凭信的价值吗？”

“当然行为比言论更可凭信得多，”希皮阿斯回答，“因为有许多讲论正义的人，所做的却是非正义的事；而一个躬行正义的人则绝不可能是个不义的人。”

“那么，你在任何时候觉察到我做过假见证、或诽谤过什么人， 11
或在朋友或同胞之间挑起争论，或做过任何其他不义的事吗？”

“没有，”希皮阿斯回答。

“难道你不认为，不行不义就是正义吗？”

“很显然，苏格拉底，”希皮阿斯说道，“就连现在，你仍在规避着把自己对于正义的看法表示出来；因为你所说的，并不是正义的人做什么，而是他们不做什么。”

苏格拉底回答道，“我认为，不愿行不义的事就足以证明其为 12
正义。不过，如果你认为这还不够，那么，看看下面所说的是不是会使你更满意些：我说守法就是正义。”

“苏格拉底，你的意思是说，守法与正义是同一回事吗？”

“我是这个意思，”苏格拉底回答。

“我不懂[①]你所说的守法是什么意思，也不懂你所说的正义是 13
什么意思。”

“你知道‘城邦的律法’吗？”苏格拉底问。

“我知道，”希皮阿斯回答。

“你认为它们有什么意义呢？”

① 原文 αἰσθάνομαι，知觉、看出、懂得。——译者

“它们是公民们一致制定的协议，规定他们应该做什么和不应该[①]做什么。”

“那么，”苏格拉底说道，“那些按照这些律法行事为人的人岂不就是守法的，而那些不按照这些律法做的人就是违法的吗？”

“完全正确，”希皮阿斯回答。

“那么，守法的人岂不就是行正义，而违法的人岂不就是行不义吗？”

“的确是这样。”

“那么，这岂不是行正义的人就是正义，行不义的人就是不义吗？”

“怎么能不是这样呢？”

“这样看来，守法的人就是正义，而违法的人就是不义了。”

14 “但是，苏格拉底，”希皮阿斯反问道，“既然制定这些法律的人们自身就常常废弃或修改法律，人们又怎能把这些法律或把遵守这些法律看得具有真正的重要性呢？”

“可是，”苏格拉底说道，“城邦在进行战争之后，也是常常讲和的啊！”

“那当然，”希皮阿斯回答。

“既然如此，那么，因法律可能被废弃而轻看那些遵守法律的人和因和平可能恢复而责怪那些英勇作战的人，你以为这两者之间有什么不同吗？难道你当真想谴责那些为支援祖国而投身于战斗中的人们吗？”

① 原文 ἀπέχεσθαι，避免。——译者

“当然不是，”希皮阿斯回答。

“你考虑过没有，”苏格拉底问道，“拉开代莫尼人卢库格斯[1] 15
如果不是在斯巴达最牢固地建立了守法精神，他就不可能使斯巴
达和别的城邦有什么不同吗？你难道不知道，那些最能使人民守
法的城邦领导人是最好的领导人，那些拥有最守法的人民的城邦，
在和平时期生活得最幸福，在战争时期是不可抵抗的吗？而且，对 16
城邦来说，同心协力是最大的幸福！这样的城邦的议会和首长们
经常劝导他们的人民要同心协力。在希腊到处都有要求人民立誓
同心协力的律法，而到处人们也都在立誓这样做。但我认为，其所
以这样做的原因，既不是为了让人民选择同一歌咏队，也不是为了
让他们赞赏同一个笛子吹奏者，也不是为了使他们都欢喜同一个
诗人，也不是为了使他们都欣赏同一种事物，而是为了使他们都遵
守律法；因为凡人民遵守律法的城邦就最强大，最幸福，但如果没
有同心协力，任何城邦也治理不好，任何家庭也管理不好。作为一
个人民，除了遵守律法，还有什么方法能够使自己少受城邦的惩 17
罚、多得到国人的尊敬呢？还有什么方法能够使自己在法庭上少
遭失败、多获得胜利呢？人们愿意信任并把自己的钱财或子女托
付给谁呢？除了按法律行事的人以外，全城邦的人还能认谁是更
值得信任的呢？父母、亲属、家奴、朋友、同胞或异乡人能够从谁的
手里更可靠地得到公正的待遇呢？敌人在停战、缔约或和谈时宁
愿信任谁呢？除了遵守律法的人以外，人们会愿意做谁的同盟者
呢？同盟者又宁愿信任谁为领袖、为要塞或城镇的统帅呢？除了

① 古斯巴达的立法者，约生于纪元前8世纪。——译者

遵守律法的人以外，人们还能指望谁更会受恩必报呢？除了那些被认为会报恩的人以外，人们又宁愿向谁施恩呢？除了这样的人以外，人们还宁愿做谁的朋友，不做谁的敌人呢？除了自己所渴望缔交、避免结仇和那些极大多数人都愿做他的朋友和同盟者，只有极少数反对者和敌人以外，人们还能更不愿对谁作战呢？”

18 “因此，希皮阿斯，我说守法和正义是同一回事；如果你有什么相反的意见，那就请指教吧！”

“说实话，苏格拉底，”希皮阿斯回答道，“对你所谈关于正义的话，我并没有什么相反的意见。”

19 “希皮阿斯，”苏格拉底问道，“你知道什么是不成文法吗？”

“那是到处都一致遵守的律法。”

“那么，”苏格拉底问道，“你能说这些律法是人类为自己制定的吗？”

“那怎么能呢？”希皮阿斯回答道，“因为人类是不可能都聚集到一起的，而且也不是都说同一种语言啊。”

“那么，你想这些律法是谁制定的呢？”苏格拉底问。

“我想，”希皮阿斯回答道，“这些律法是神明为人类制定的，因为所有的人类都以敬畏神为第一条律法。”

20 “到处岂不是也有一条孝敬父母的律法吗？”

“是这样。”

“父母不可与子女结婚，子女也不可与父母结婚岂不也是一条吗？”

“苏格拉底，”希皮阿斯回答道，“我还看不出这是神所制定的一条律法。”

“为什么呢?”苏格拉底问。

“因为我注意到有些人违犯了这条律法,”希皮阿斯回答。

“他们还违犯许多别的律法哩,”苏格拉底说,“不过,违犯神所 21
制定的律法的人是无法逃避刑罚的;不像有些人违背了人所制定的律法,却能利用藏躲或暴力,逃避刑罚。”

“但是,苏格拉底,”希皮阿斯问道,“父母与子女,子女与父母 22
结婚,所不能逃避的是什么样的刑罚呢?”

“当然是最大的刑罚了,”苏格拉底回答,“因为对生育子女的人来说,有什么刑罚比生育不好的子女更大呢?”

“他们为什么必然生不好的子女呢?”希皮阿斯问道,“如果任 23
何阻碍没有——他们自己是好人,生子女的对方也是好人?”

“因为,”苏格拉底回答道,“不仅生子女的双方都须是好人,他们还必须都是体力旺盛的人;难道你以为体力旺盛的人的子孙和那些还未到体力旺盛年龄或者已经过了体力旺盛年龄的人的子孙都是一样的吗?”

“当然不会是一样的,”希皮阿斯回答。

“那么,哪一个是更好呢?”苏格拉底问。

“显然是体力旺盛的人的子女,”希皮阿斯回答。

“那么,体力不旺盛的人的子女精神一定不会饱满了?”

“的确,大有可能,”希皮阿斯回答。

“那么,这样的人是不应该有子女的了?”

“是不应该,”希皮阿斯回答。

“那么,这样生出的子女是他们不应该生的了?”

“我看是这样,”希皮阿斯回答。

“既然如此,如果不是这些人有不好的子女,还会是什么别人呢?”

“在这一点上我也同意你的意见,”希皮阿斯说。

24 “还有,以德报德,岂不也是到处都承认的一条律法吗?”

“是的,不过这条律法人们也违犯了,”希皮阿斯说。

“那些违犯这条律法的人,岂不是遭受丧失好的朋友和不得不求告那些恨自己的人的刑罚吗?那些善待熟人的人岂不就是好的朋友、那些受恩不报的人岂不是因为忘恩负义而被人所恨吗?但是,由于和善待自己的人结交对他们有极大的好处,他们岂不是仍然会竭尽全力追求这样的人吗?”

“的确,苏格拉底,”希皮阿斯说道,“所有这一切似乎都是由神来的,因为在我看来,凡是其本身就给违犯的人带来刑罚的律法,一定是由比人更好的立法者所制定的。”

25 “那么,希皮阿斯,你以为正义的律法和非正义的律法哪一个是由神所制定的呢?”

“非正义的律法当然不是由神所制定的,”希皮阿斯回答,“因为如果神不制定正义的律法就很难有什么别的人制定这样的律法。”

“这样看来,神也是喜欢把正义和守法看为是同一回事了。”

就是这样,通过言论和实践,苏格拉底使得那些到他跟前的人成了比较正义的人。

第　五　章

苏格拉底使他的门人更有实践能力。自制的必要性，第 1—2 节。不自制的坏处，第 3—7 节。自制的好处，第 8—10 节。自制的人的行为，第 11—12 节。

我现在要进一步叙述苏格拉底如何使那些和他交游的人更有 1
实践能力。他认为，对于任何希望有高尚成就的人来说，自制都是必要的，因此，首先他使那些和他交游的人清楚地看出，在一切人当中，他自己对这方面是躬行实践的。然后，他又借着他的言论劝
勉他的门人，要他们把自制看得比什么都更重要[①]。他既经常不 2
断地把那些有助于德行的事记在自己心中，又以此提醒他的一切门人。我知道有一次他曾和尤苏戴莫斯作过关于自制的如下的谈话：

"尤苏戴莫斯，请告诉我，"苏格拉底说道，"你以为自由对于个人和城邦都是高贵而且美好的财产吗？"

"我以为确实是这样，"尤苏戴莫斯回答。

"那么，你以为那受身体的情欲支配，因而不能做那最好的事 3
情的人是自由的人吗？"

"绝不是，"尤苏戴莫斯回答。

"也许，在你看来，能够做最好的事情就是自由，从而受到阻

① 此处分段是以娄卜古典丛书为准，和 Watson 略有出入。——译者

碍，不能去做这类事情，就是没有自由了？”

“的确是这样，”尤苏戴莫斯回答。

4 “那么，在你看来，凡不能自制的人，的确就是没有自由的吗？”

“自然如此。”

“可是，你以为，那些不能自制的人是仅仅受阻挡不去做最好的事呢，还是也被迫去做那些最无耻的事呢？”

“在我看来，”尤苏戴莫斯回答道，“他们既受阻不去做最好的事，也被迫去做那些最无耻的事”[①]。

5 “你以为，那阻挡人去做最好的事，同时还强迫人去做最坏的事的是什么样的主人呢？”

“当然是最坏的主人了，”尤苏戴莫斯回答。

“你以为什么样的奴隶是最坏的奴隶呢？”

“我以为那些受制于最坏的主人的人就是最坏的奴隶，”尤苏戴莫斯说。

“这样看来，那不能自制的人就是最坏的奴隶了？”

“我想是如此，”尤苏戴莫斯回答。

6 “智慧就是最大的善，你岂不认为，不能自制就使智慧和人远离，并驱使人走向其相反的方向吗？你岂不认为，由于不能自制使人对于快乐留连忘返，常常使那些本来能分辨好坏的人感觉迟钝，以致他们不但不去选择较好的事，反而选择较坏的事，从而就阻碍了人们对于有用事物的注意和学习吗？”

① 此句如按原文直译为：“他们被迫去做后者，一点也不亚于他们受阻不去做前者。”——译者

“是有这样的情况，”尤苏戴莫斯回答。

“尤苏戴莫斯，我们试想一想，有什么比不能自制的人对于健 7
全理智更不相称的呢？因我以为健全理智和不能自制两者的行为是恰好相反的。”

“这我也同意，”尤苏戴莫斯回答。

“你想还有什么比不能自制更能拦阻人对于正当事物的注意呢？”

“我想没有了，”尤苏戴莫斯回答。

“令人宁愿选择有害的事而不愿选择有益的事，宁愿忽略有益的事反而注意有害的事，并且还迫使人去做和健全理智相违反的事，你想有什么比这对人更不好的事吗？”

“没有，”尤苏戴莫斯回答。

“自制给人产生的效果和不自制的效果正相反，岂不是很自然 8
的事吗？”

“当然是这样，”尤苏戴莫斯回答。

“那么，产生这种相反效果的原因，对人来说，就是一大好事了？”

“确是如此，”尤苏戴莫斯回答。

“这样看来，尤苏戴莫斯，自制对于人就是一件大好事了？”

“很可以这样说，苏格拉底，”尤苏戴莫斯回答。

“尤苏戴莫斯，你曾经考虑过没有……？” 9

“考虑什么？”

“就是，尽管人们认为，不自制给人带来的唯一东西就是快乐，其实，它并不能做到这一点，惟有自制才能给人带来最大的快乐。”

“这是怎么讲呢?”尤苏戴莫斯问。

“因为,不能自制就不能忍饥、耐渴、克制情欲、忍受瞌睡,而这一切正是吃、喝、性交、休息,睡眠之所以有乐趣的原因;在经过了一段期待和克制之后,这些事才能给人以最大的快乐,而不能自制则恰恰阻碍了人们对于这种值得称道的最必要的最经常的乐趣的享受。惟有自制能使人忍受我所讲的这一切,因此,惟有自制才能使人享受我所提到的这些值得称道的快乐。”

“你说的这一切都是实话,”尤苏戴莫斯说。

10 “在另一方面,学习高尚和美好的事情,研究那些能以使人维护好自己的身体、治理好自己的家庭、有益于朋友和城邦,并且有制服敌人的本领——这一切不仅有益,而且还能产生最大的快乐——能自制的人在实践这一切的同时,也就享受了其中的乐趣,但不能自制的人却什么也分享不着。我们试想一想,有谁会比那些由于一心一意追求眼前的快乐,因而最少把这些付诸实践的人,更不适于享受它们呢?”

11 “苏格拉底,”尤苏戴莫斯说道,“我以为你好像在说,那些贪图身体的快乐的人,对于任何德行都是无分的。”

“尤苏戴莫斯,”苏格拉底回答道,“一个不能自制的人和最愚蠢的牲畜有什么分别呢?那不重视最美好的事情,只是竭尽全力追求最大快感的人,和最蠢笨的牲畜有什么不同呢?只有能自制的人才会重视实际生活中最美好的事情,对事物进行甄别,并且通过言语和行为,选择好的,避免坏的。”

12 苏格拉底说,必须这样,才能成为最高尚的、最幸福的和最有推理能力的人。他还说,διαλέγεσθαι(推理)这个词就是由于人们聚在一起，共同讨论，接着事物的性质进行 διαλέγαντας（甄别）[1]而得来的。因此，有必要作最大的努力使自己准备好，对这进行充分的研究；因为这会使人成为最高尚的、最能领导人的和最能推理的人。

第　六　章

熟练论证和定义的价值，第 1 节。虔诚的定义，第 2—4 节。正义的定义，第 5—6 节。智慧的定义，第 7 节。善与美的定义，第 8—9 节。勇敢的定义，第 10—11 节。几个其他的定义，第 12 节。对苏格拉底论证方法的评述，第 13—15 节。

苏格拉底如何使他的门人更善于推理，我将试图加以论述。 1
苏格拉底认为，凡懂得各种事物的不同性质的人，一定也能够把它们向别人说明。至于那些不懂得事物的不同性质的人，他认为这些人自己失败，并且使别人失败都是不足怪的。因此，他总是永不止息地和他的门人一同考察事物的不同性质。

详细论述他所下的一切定义工作量太大了，我将把我所认为足以说明他考虑事情的方法的事例尽量加以阐述。

首先，关于虔诚（εὐσεβεία），他的看法大致如下： 2

"尤苏戴莫斯，"他说，"请告诉我，你以为虔诚是一种什么样的事情呢？"

[1] διαλέγεσθαι，διαλέγοντας 都是由 διαλέγω 衍变而来，原有挑选、会谈、甄别、推理等义，西方语言中的辩证法一词，就是由这个词得来。——译者

“当然是最美好的事情，”尤苏戴莫斯回答。

“你能说出什么样的人是虔诚的人吗？”

“我以为，”尤苏戴莫斯回答道，“就是那敬神的人。”

“人可以按照自己的意愿随便敬神吗？”

“不可以，必须按照一定的律法来敬神。”

3 “那么，那些知道这些律法的人就知道怎样敬神了？”

“我想是这样，”尤苏戴莫斯回答。

“那么，那些知道应当怎样敬神的人，岂不是也知道他不应当以不同于自己所知道的方法来敬神吗？”

“当然他知道不应当这样，”尤苏戴莫斯回答。

“但是，是不是有人以不同于他自己所知道应该的方式敬神呢？”

“我想没有，”尤苏戴莫斯回答。

4 “那么，知道什么对于神是合法的人，是不是按合法的方式敬神呢？”

“当然。”

“那么，按照合法的方式敬神的人就是按照应该的方式敬神了？”

“怎能不是这样呢？”

“按照应该的方式敬神的人就是虔诚的人？”

“当然。”

“那么，我们可以把虔诚的人正确地定义为凡知道什么对于神是合法的人了？”

“我想是这样，”尤苏戴莫斯回答。

“在对待人这一方面，是不是可以随着自己所愿意的那样做呢？” 5

“不可以，因为在这方面也有合法（与否）的问题。”①

“那么，那些按照律法彼此对待的人，是不是就是按照他们应该做的做了呢？”

“怎能不是呢？”

“按照应该做的去做的人岂不是做得好吗？”

“当然是做得好，”尤苏戴莫斯回答。

“那些在对待别人方面做得好的人，岂不是在人类事务方面也做得好吗？”

“大概会如此，”尤苏戴莫斯回答。

“那些遵守律法的人所做的事岂不是正义的吗？”

“当然，”尤苏戴莫斯回答。

“什么性质的事情叫做正义，你知道吗？”苏格拉底问。 6

“律法所吩咐的事情，”尤苏戴莫斯回答。

---

① 这一句 J. S. Watson 的英译文是：“No; but with respect to men also, he who knows what is in conformity with the laws, and how men ought, according to them, to conduct themselves towards each other, will be an observer of the laws。”（不可以，因为对待人也是一样，凡知道什么是合法的，并且知道根据律法，人们应该怎样彼此对待的人，就会是一个守法的人。）这是因为他是根据了另一个抄本，这个抄本的原文为：“O ὔκ ἀλλά καὶ περὶ τούτους ὁ εἰδὼς ἅ ἐστινόμιμα，καθ'ἅ δεῖ πως ἀλλήλοις χρῆσθαι，νόμιμος ἄν ε ἴη。”我这里是根据娄卜古典丛书所用的抄本译的，其原文为：O ὔκ ἀλλὰ καὶ περὶ τούτους ἐστι νομιμα。多数学者认为 J. S. Watson 所根据的抄本是伪作，不可凭信，这是从其意义的互不相合所可以清楚地看出来的。这就是我不采取前一抄本的原因。Josiah Renick Smith 在他校注的 *Xenophon：Memorabilia*（Ginn&Company，Boston，1903 年版）中把 ὁ εἰδὼς ἅ和 νόμιμοςἄν εἴη 都放在括弧里，是采取了折中的办法。——译者

“那么，那些遵行律法的吩咐的人所做的就是正义的应该的了？”

“怎能不是这样呢？”

“那些行正义之事的人难道不就是正义的人吗？”

“我想是如此，”尤苏戴莫斯回答。

“你想有什么遵守律法的人却不知道律法所吩咐的是什么吗？”

“我想没有，”尤苏戴莫斯回答。

“你想那些明知应该做什么的人，却会认为不应该做那些事吗？”

“我想不会这样，”尤苏戴莫斯回答。

“你知道有什么人不做他们明知应该做的事，反倒去做别的事吗？”

“我不知道，”尤苏戴莫斯回答。

“那么，那些知道对于人什么是合法的人，所做的一定是正义的了？”

“当然，”尤苏戴莫斯回答。

“那样，做正义之事的人岂不就是正义的人吗？”

“还有什么别的人会是正义的人呢？”尤苏戴莫斯反问道。

“那么，我们把那些知道对于人什么是合法的人，定义为正义的人，岂不就是个正确的定义了吗？”

“我想是这样，”尤苏戴莫斯回答。

7 “我们试想一想，智慧是什么呢？请告诉我，你以为人们有智慧是因为他们知道事情呢，还是因为他们不知道呢？”

“显然是因为他们知道事情，”尤苏戴莫斯回答，“因为不知道事情的人怎么能算是有智慧呢？”

“那么，人之所以有智慧，是因为他们有知识了？”

“人有智慧如果不是因有知识，还能因为什么别的呢？”尤苏戴莫斯回答。

“你以为除了使人智慧的事以外，智慧还会是什么别的吗？”

“我以为不会是什么别的。”

“那么，知识就是智慧了？”

“我想是这样。”

“不过，你以为一个人能知道所有的事情吗？”

“当然不能，连一极小的部分都做不到。”

“这样看来，对凡事都有智慧的人是没有了？”

“当然没有，”尤苏戴莫斯回答。

“这样看来，每一个人只是在其有知识的事上才是有智慧了？”

“我想是这样。”

“尤苏戴莫斯，用这样的方法来研究善是不是可以呢？” 8

“怎样研究呀？”尤苏戴莫斯问。

“你以为同一样东西对所有的人都是有用的吗？”

“我看不是。”

“你是不是以为：对某些人有益的东西有时候对另一些人却是有害呢？”

“的确如此，”尤苏戴莫斯回答。

“除了有益的东西以外，你是不是也把另一些东西叫做善呢？”

“不，”尤苏戴莫斯回答。

“这样看来，对于任何人有益的东西，对他来说，就是善了？”

“我想如此，”尤苏戴莫斯回答。

9 “再拿美来说，我们还能按什么别的方法来下定义吗？难道我们能把一个身体、工具或你所知道的任何其他东西，因其对于一切都是美好的才称它为美吗？”①

“当然不能，”尤苏戴莫斯回答。

“那么，任何一件事物，它对于什么有用处，就把它用在什么上，那就是美了？”

“的确是这样，”尤苏戴莫斯回答。

“任何一件事物，如果把它用在它所对之有用的事以外的什么别的事上，它还会是美的吗？”

“对于任何一件别的事都不能是美，”尤苏戴莫斯回答。

“那么，有用的东西，对于它所有用的任何事来说，就是美的了？”

“我以为是这样，”尤苏戴莫斯回答。

10 “再说勇敢，尤苏戴莫斯，你以为它也是美好的事物之一吗？”

“我以为它是最美好的事物之一，”尤苏戴莫斯回答。

“那么，你以为勇敢是对最微不足道的事有用吗？”

“当然不是，而是对重大的事有用，”尤苏戴莫斯回答。

---

① 苏格拉底的意思似乎是说，善、美等等，都是相对的，正如没有对于一切都有益的善，也没有对于一切都是美好（有益）的美；身体、工具或任何其他事物之所以被称为美，只是就某某一方面而言。J. S. Watson 认为此句原文有误，参看补翁古典丛书 J. S. Watson 译：《上行记或居鲁斯远征记》和《苏格拉底回忆录》合订本，1875 年，伦敦版 499 页注。——译者

"那么，你以为处于可怕和危险的事物之前毫无知觉，这是有用吗？"

"绝不是，"尤苏戴莫斯回答。

"这样看来，那些由于对于这一类事物性质的无知而不害怕的人，就不是勇敢的人了？"

"当然不是，因为如果是的话，许多疯子和懦夫就都是勇敢的人了。"

"那些对于本不可怕的事物反而害怕的人怎么样呢？"

"那就更不是勇敢的人了，"尤苏戴莫斯回答。

"那么，你以为那些在可怕和危险的事物面前能够临危不惧的人就是勇敢的人，而那些惊慌失措的人就是懦夫了？"①

"的确是这样，"尤苏戴莫斯回答。

"你以为在大难临头的情况下，除了那些善于应付的人以外， 11
还有什么别的人能够临危不惧吗？"

"除了这些人以外没有别人，"尤苏戴莫斯回答。

"除了那些不善于应付的人以外，还有什么别的人会惊惶失措呢？"

"还有什么别的人呢？"尤苏戴莫斯回答。

"那么，双方岂不都是按照自己所认为应该的那样应付了吗？"

"怎能是别样呢？"尤苏戴莫斯回答。

① 这里的"临危不惧"和"惊惶失措"在原文里是用"好"(ἀγαθός)和"不好"(κακός)两个词表达的，这是因原文 ἀγαθός 本含有"勇敢"，κακός 含有"怯弱"之意的缘故。Marchant 和 Watson 在这里都只译为"good"和"bad"，Johannes Irmscher 译为"sich bewähren 和 versagen"。——译者

“那么，那些不善于应付的人是不是知道他们应该怎样应付呢？”

“毫无疑问不知道，”尤苏戴莫斯回答。

“那么，那些知道应该怎样应付的人，只是那些能够应付的人了？”

“只是他们，”尤苏戴莫斯回答。

“那些并非完全错误的人怎样呢，难道他们在这种情况下也惊惶失措吗？”

“我想不是，”尤苏戴莫斯回答。

“这样看来，那些惊惶失措的人都是完全错误的人了？”

“很可能是这样，”尤苏戴莫斯说。

“这样看来，那些知道怎样应付可怕和危险情况的人就是勇敢的人，而那些完全错误的人都是懦夫了？”

“我看是这样，”尤苏戴莫斯回答。

12 在苏格拉底看来，君主制和僭主制是两种政体，但它们彼此很不相同。征得人民同意并按照城邦律法而治理城邦，他认为这是君主制；违反人民意志且不按照律法，而只是根据统治者的意愿治理城邦，是僭主制。凡官吏是从合乎法律规定的人们中间选出来的地方，他认为是贵族政治；凡是根据财产价值而指派官吏的地方，是富豪政治；凡是所有的人都有资格被选为官吏的地方，是民主政治。

13 当有人在某一点上和苏格拉底有争论，但不能把自己的意思说明白，只是断言，他所说的某人，（比苏格拉底所说的）更聪明，更有政治才能，更勇敢，等等，却拿不出证明的时候，苏格拉底就会按照以下方式，把整个讨论，引回到原则性问题上去：

14 “你是说你所推崇的人比我所推崇的，是更好的公民吗？”

"我是这么说。"

"那样，我们为什么不首先考虑一下，一个好公民的本分是什么呢？"

"我们就这样做好了。"

"从财政方面来说，岂不是那能使城邦更富裕的人是更好的公民吗？"

"当然。"

"从战争方面来说，岂不是那能使城邦比敌人更强大的人是更好的公民吗？"

"怎能不是呢？"

"作为一个使节，岂不是那能化敌为友的人是更好的公民吗？"

"大概是。"

"在议会发言方面，岂不是那能止息纷争，创造和谐的人是更好的公民吗？"

"我想是。"

通过这种把讨论引回到原则性问题上去的办法，他就使那些和他争论的人清楚地看到了真理。

当[1]他和人讨论某一问题已有所进展的时候，他总是从已取 15
得一致同意的论点逐步前进，认为这是讨论问题的一个可靠的方法；因此，每当他发表言论的时候，在我所知道的人中，他是最容易获得听众同意的人。他说，荷马称俄底修斯为"稳健的雄辩家"[2]，

① 这里分段是按 Watson，不是按 Marchant。——译者

② 《俄底修斯》viii，171（议会中的稳健发言者）。——译者

就是因为他能够把议论从人们公认的论点向前引进。

第　七　章

苏格拉底如何使他的门人有独创精神，适于管理事务；他的坦率和真挚，第 1 节。他认为应把量地学学到什么程度，第 2—3 节。他建议把天文学学到什么程度，第 4—7 节。应避免虚有其表的研究，第 8 节。应注意健康，第 9 节。向神求问，第 10 节。

1 从我以上所说的可以明显地看出，苏格拉底总是把自己的心意真诚地向他的门人表示出来的，现在我还要说一说他如何关心他们在其所适合的工作中有独立自主的工作能力。在我所认识的一切人中，他是一个最渴望发现他的门人们知道些什么的人。凡是一个善良和高尚的人所应该知道的事，只要他自己知道，他总是
2 非常乐意地教导他们；如果他自己不熟悉的话，他就把他们带到那些知道的人那里去。他还教导他们，一个受了良好教育的人对于各门实际学问应该熟悉到什么程度。

例如，他说，一个人学习量地学，只须学到在必要时、能够对于买进、让出或分配的土地进行正确的丈量、或者对于劳动量进行正确的计算，这是很容易学会的。任何专心研究过测量学的人，都会
3 知道一块地有多大以及它是怎样测量出来的。他不赞成为了研究复杂难解的图形而学习量地学；因他看不出这样做有什么用处，尽管他自己并非不懂这一套。他认为这样做会使人把毕生的精力都消耗在上面，以致许多别的有用的东西都无法学习了。

4 他也劝人要熟习天文学，但这只是为了能够知道夜间的时辰、

月份节令、为了作水陆旅行、值夜班和其他必须按节令、月份或夜间
工作的方便，以便利用征象来分辨上述时间。他认为这一切知识也
是很容易从那些在夜间行猎、掌舵和许多其他职业上有必要知道这 5
些事的人那里学到的。至于为了分辨那些不在同一轨道上旋转的
天体、行星和彗星、为了计算它们和大地的距离、他们旋转的周期和
原因而消耗精力，这一切他都非常不赞成，他说，他看不出这样做有
什么用处。其实他自己对于这些并非不懂，不过他认为这样做会消
耗人的毕生精力，以致不能够学习许多别的有用的东西。

关于天空的事情，一般说来，他劝人不必去探究神明是怎样操 6
纵每一个天体的：他认为这些都是人所不能发现的，并且认为，那些
求神喜欢的人不应该去探究神所不愿意显明的事情。他还说，那些
胆敢探究这些事的人，和阿拿萨哥拉斯一样，都有丧失神智的危险；
阿拿萨哥拉斯以能解释神明的造化而夸耀，因而丧失了神智。

当阿拿萨哥拉斯说火和太阳是同一个东西的时候，他没有想 7
到[①]人们很容易看火，却不能凝视太阳，太阳光 ·晒，人的皮肤就
发黑，被火光照皮肤却不会发黑；他也没有想到，没有太阳光的照
耀，地里所出产的一切不能生长的好，但经火一烤，一切就都枯萎
了。当他说太阳是块火热的石头的时候，他也没有想到这一事实；
如果把石头放在火里，它既不会发光也不能长久抵抗火的威力，但
太阳却永远是个最辉煌的天体。

苏格拉底也劝人学习算术[②]，但对于这，也像对于其他事情一 8

① 以下的几个“没有想到”原文都是 ἀγνοέω(不知道)。——译者

② 原文 λογισμός，计算。——译者

样，他劝人避免作无意义的劳动。无论什么有用处的事，他总是亲自和他的门人一同研究，一同进行考察。

9 苏格拉底竭力劝勉他的门人，要注意身体健康。一方面要尽量向那些知道怎样保持健康的人学习；另一方面各人自己也要一生一世注意：什么食物、什么饮料和什么样的运动对自己有益处，以及怎样利用他们自己获得最好的健康。他说，一个这样关心自己健康的人将会发现，关于对健康有利的事情，他所晓得的比一个医生所晓得的还要多。

10 当任何人希望获得人类智慧所不能提供的帮助时，苏格拉底就劝他去研究占卜术，因为他说，那些知道神明如何通过朕兆把事情显示出来的人，任何时候都不会缺少神明的指点。

第　八　章

苏格拉底虽被处死刑，但这并不证明他的守护神是假的。他决心一死。他的无辜，鼓舞了他的勇气。他认为死了反有好处，因为他可以避免老年的痛苦。本书论证的总结。

1 如果有人认为，尽管苏格拉底曾说他的守护神预先提醒他什么事该做，什么事不该做，但他既被法官判处死刑，这就证明他所说关于守护神的事是假的，这样的人首先应该考虑的是：当时苏格拉底年事已高，即使那时不死，以后不久，他的生命仍然是要了结的；其次，他所失掉的只是所有的人都感到智力衰退的人生中最累赘的一段时期，而他所获得的则是：他显示了自己的精神力量；而且胜似任

何人，他通过对于自己的案件所作的最真诚，最坦率和最正直的申
诉赢得了光荣；并且最镇定、最勇敢地忍受了所判处的死刑。人们 2
一致承认，直到目前为止，还想不起有任何比他更好的忍受了死的
人。由于那个月正逢德利阿节[①]，按法律规定。在朝圣团[②]未从德
拉斯回来之前，不得处死犯人，苏格拉底就不得不在判刑以后又活
了三十天。在这一段时期中，所有和他在一起的人都清楚地看出，
苏格拉底生活得和以前的时候没有一点两样，其实，在这以前，人们
对于他比任何人都生活得愉快而恬静就已经非常赞叹了。任何人 3
怎么能死得比这更好？有什么样的死比这样最英勇地死去更高尚
呢？有什么样的死比这样最英勇地死去更幸福呢？有什么样的死
比最幸福的死更为神所喜爱呢？

我还要把我从希帕尼卡斯的儿子海尔莫盖尼斯听到的关于他 4
的事说一说。海尔莫盖尼斯说，米利托斯缮就了控诉状控诉苏格拉
底以后，他听苏格拉底还是讲到很多事情，但却没有提到他被控诉
这件事，他对苏格拉底说，应该考虑一下怎样辩护了。但苏格拉底
的第一句话却是，“难道你不认为我一辈子就在进行着这件事吗？”
海尔莫盖尼斯问他怎样进行的时候，苏格拉底说他一辈子除了考虑
什么是正义，什么是非正义，并且实行正义和避免非正义以外，任何
别的事都没有做，他认为这就是他为自己所作的最好的辩护。但海 5

① 德利阿节是在德拉斯（德拉斯据说是阿波罗神的出生地）举行的纪念阿波罗的一个节日；此节每年在雅典的 11 月即我们现在的 5、6 月之间举行。——译者

② 朝圣团是由国家派遣到神住所或运动会去的使节，雅典人每年派一个朝圣团携带祭品到德拉斯去，是为了纪念雅典民族英雄赛苏斯杀死人身牛头怪物，从而免除了向它进贡七男七女的可怕处罚。——译者

尔莫盖尼斯又说道:“苏格拉底,你难道看不出雅典法官们由于受到言辞的影响已经把许多无辜的人判处死刑,但同时却把许多有罪的人释放了吗?”“可是,海尔莫盖尼斯,”苏格拉底回答道,“我本想考
6 虑一下我在法官前的申辩词的,但(我的)守护神却不许。”海尔莫盖尼斯说道:“你的话真怪。”“如果神明以为最好我现在就了结此生,你以为奇怪吗?”苏格拉底问道,“难道你不知道,到目前为止,我不承认有任何人生活得比我更好或更幸福吗? 因我认为,生活得最好的人是那些最好地努力研究如何能生活得最好的人;最幸福的人是
7 那些最意识到自己是在越过越好的人。到目前为止,我觉得我自己的情况正是这样,当我和别人在一起并把自己和别人比较的时候,对于我自己我也一直是这样看法;不仅我自己是这样,我的朋友们对我也一直抱有这样的看法,这并不是由于他们爱我(因为那些爱别人的人对于他们所爱的人是会有这样看法的),而是因为他们知道,如果他们常和我在一起,他们自己也会成为很好的人。但如果
8 我活得更长久一些,很可能我就不得不忍受老年的痛苦,目力减退哪,听觉不灵哪,思想迟钝哪,学习越来越缓慢哪,记忆力越来越衰退哪,以致那些我曾经比别人强的事情,反倒变得不如别人了。如果我不感觉到这些,生活就毫无价值,如果我感觉到的话,生活岂不就必然越来越坏而且越来越不幸了吗?”

9 “但如果我不义地死去,这乃是那些不义地处死我的人的耻辱,因为,不义既是可耻的,不义地做任何事岂不都是可耻的吗?[①]

① 这里的意思似乎是,合法的形式并不能掩盖一桩行为的不义的实质,参看 Josiah Renick Smith,《色诺芬:苏格拉底回忆录》251 页注。——译者

但对我来说，别人对我不能作正义的判决或行为，有什么可耻呢？ 10
我看，后人对前人的看法，是随着他们生前受不义的待遇或者行不
义的事而不同的。我也知道，如果我现在死去，人们对我的看法，
也会和他们对那些处死我的人的看法不同，我知道他们会永远给
我作证，我从来没有不义地待过任何人或者使任何人变坏，而总是
在努力使那些和我在一起的人变得好些。”

苏格拉底就是这样和海尔莫盖尼斯以及其他的人谈话的。那 11
些知道苏格拉底为人并羡慕德行的人们，直到今天，仍然在胜似怀
念任何人也怀念着他，把他看作是对于培养德行最有帮助的人。
对我来说，他就是像我在上面所描述的，是那样的虔诚，以致在没
有得到神明的意见以前，什么事都不做；是那样的正义，即使在很
微小的事上，也不会伤害任何人，反而将最大的帮助给予那些和他
交往的人们；是那样的自制，以致任何时候他都不会宁愿选择快乐
而不要德行，是那样的智慧，以致在分辨好歹上从来没有错误过，
而且不需要别人的忠告，单凭自己就能分辨它们；是那样地有才
干，能够说明并决定这一类事情；是那样地有才干，能够考验别人，
指出他们的错误，劝勉他们追求德行和善良高尚的事情。在我看
来，一个最善良、最快乐的人应该怎样，他就是那样的人。如果有
任何人对这些描述还感到不满，那就让他把别人的品格和这些来
比较一下，并加以判断吧。

苏格拉底在法官前的申辩

1 苏格拉底在被起诉以后，他关于自己的申辩和生命的终结所
作的考虑，我以为都是值得回忆的。虽然别人已经论述了这些事，
而且都不谋而合地提到了他的崇高的言论（这说明了苏格拉底的
确是这样说的），不过，至于苏格拉底这时已经认为，对他来说，死
比生更为可取，这一点他们并没有说明，因此，他的这些崇高的言
2 论就显得是没有意义的了。但希帕尼卡斯的儿子海尔莫盖尼斯是
他的亲密朋友，他曾作过这样的报道，显示了苏格拉底的这些崇高
的言论和他当时的心情是正相符合的。海尔莫盖尼斯说，他看到
苏格拉底当时什么事都讲到了，可是没有提到自己将要受审的事，
3 他就问他："苏格拉底，难道不需要为自己的申辩考虑一下吗？"对
此，苏格拉底首先的答复是："难道你不认为我一辈子都是在申辩
着吗？"海尔莫盖尼斯问道，"你是怎样申辩呢？""我一生一世没有
做过不义的事，我以为这或许就是最好的申辩了。"海尔莫盖尼斯
4 又对他说道："难道你看不出雅典人的法庭由于受到言辞的影响常
常把无辜的人处死，而在另一方面，由于言辞所引起的恻隐之心或
由于申辩的人话说得中听，也常把有罪的人释放了吗？"苏格拉底
回答道："的确是这样；我曾有两次想着手考虑关于申辩的事，但我
5 的守护神一直反对我这样做。"海尔莫盖尼斯对他说道："你讲话很

奇怪。”苏格拉底说道，“难道你以为，即使在神明看来，我现在死去
更好，也是奇怪的事吗？难道你不知道，到目前为止，我不承认有
任何人比我生活得更好吗？我以为，那意识到自己一辈子度着虔
诚和正义生活的人就是最幸福的人，因而，当我发现自己是这样的
时候，我对于自己是感到非常快慰的，而且那些和我在一起的人对
于我也是抱有同样的意见。现在，如果我还继续活下去，我知道龙 6
钟老态就是不可避免的：目力变坏了；听觉减弱了；学习也越来越
困难了；而且学过的东西也记不住了。当我感觉到自己精力不逮
而怨天尤人的时候，怎么还能说我是在幸福地生活着呢？”“因此，
也许，”苏格拉底继续说道，“正是由于神明恩待我，照顾我，他才不 7
仅使我在适当的年龄死去，而且还是用最容易的方法。因为，如果
我现在被判罪，很明显，那些判处我的人会让我考虑一种最容易
的、使朋友最少感受痛苦、使死者最多被怀念的方式来结束我的生
命。当一个人不给朋友的心上留下任何可耻和不愉快的回忆、身
体还保持着健康、心灵还能表现友爱的时候就安静地死去，这样的
人又怎能不被怀念呢？当我们认为务必用一切方法寻找理由来逃
避一死的时候，神明反对我们完全是正当的，因为很明显，这种方 8
法如果成功了，就不仅不能像现在这样结束生命，反而要准备饱尝
疾病痛苦、在充满着各种不堪忍受的灾难而且毫无乐趣的晚年中
死去。”“海尔莫盖尼斯，”苏格拉底继续说道，“无论如何我是不愿 9
意这样死去的。但如果因为我阐述我从神和人所受的恩遇以及我
对于我自己的看法而激惹了法官们，那我将宁愿选择死也不愿奴
颜婢膝地乞求比死还坏得多的苟且偷生。”

海尔莫盖尼斯接着说，苏格拉底既然这样下了决心，在对方指 10

控他不尊重城邦所尊重的神、反而引进另一些神和败坏青年以后，
11 他就进前说道："诸位，我首先感到惊奇的是，米利托斯怎么能说我不尊重城邦所尊重的神。因为其他凡是碰巧在场的人——连米利托斯本人，如果他愿意的话——都曾看见了我在公共节日在民众
12 祭坛上献过祭。至于说到新神，我只是说神明的声音向我显明，指示我应该做的事罢了，这怎么能说是引进新神呢？而且，那些根据飞鸟的鸣声和人们的语言来求得神的启示的人，毫无疑问，也都是凭声音来判断的呀。难道还有人会争论打雷是否发出响声或者它是否最大的预兆吗？难道守候在三足鼎旁的普骚[①]女祭司本人不也是通过声音来传达神明旨意的吗？此外，神明预知未来的事，并
13 把它指示给他所愿意指示的人，肯定也是如此；我所说的和众人所说、所想，完全一样。只是他们把那预示未来的事物叫做灵鸟[②]、神谕、兆头、先知，而我则是把它叫做守护神罢了。我以为我这样称呼比那些把神的权力归之于鸟类的人更为真实也更为虔敬。至于我在这件事上并未说谎得罪神，有以下的事足以证明：尽管我多次把神指示我的事告诉我的朋友们，从来没有一次证明过我所说的是假的。"

14 法官们听了这些话就吵嚷起来，有的不相信苏格拉底所说的，有的则因苏格拉底从神那里受到比他们更大的恩典而起了嫉妒的心，苏格拉底接着又说道："好吧，现在你们再听一些别的，你们当中那些不愿相信的人将会更加不信神是怎样重看我了。哈赖丰有

① 普骚即德尔非的原名。——译者

② 古希腊人用以占卜未来的大鸟，如鹰鸇之类。——译者

一回在德尔非当着许多人的面向神求问关于我的事的时候，阿波
罗的回答是：没有比我更自由、更正义、更能自制的人了。”

法官们听了这些话，很自然地吵嚷得更加厉害起来，苏格拉底 15
进一步说道：“诸君，神明在关于拉开代莫尼人立法者卢库格斯的
神谕中论到他的话比论到我的还要伟大呢！因为据说，当卢库格
斯跨进神庙的时候神明对他说：‘我正在考虑着该把你称做神还是
称做人。’阿波罗并没有把我和神相比，但他的确认为我比别人强
得多。然而，在这方面你们也不应当盲目地相信神，而是应当把神
所说的话仔细地加以研究。你们知道有谁比我更少受情欲的奴役 16
呢？有谁比我更自由——从来不接受任何人的礼物或酬劳呢？你
们能够合理地把谁看为比那安于自己的所有、不向任何别人有所
求的人更正义呢？怎能不合理地把那自从懂话以来，就不止息地
尽力寻求学习善的人不称之为聪明人呢？难道你们不认为，许多
追求德行的本国同胞和从各处来的外国人，都宁愿和我交游，这就 17
是我的劳苦没有白费的证明吗？尽管明知我是个不能用金钱回报
他们的人，许多人还是渴想对我有所馈赠，我们应该说这是由于什
么原因呢？为什么没有一个人要求我向他报恩，反倒有许多人异
口同声地说他们欠我的恩情呢？为什么当围城[1]的时候，别人都自 18
叹命苦，而我却能毫无困难地和城市最兴旺的时候同样地生活呢？
为什么别人的享受是从市场上花大量金钱买来的，而我却能不用花
钱，从自己的心灵里获得更甜蜜的享受呢？既然没有人能够证明我
所说关于自己的话是假的，我受到神明和人们的赞扬岂不就是很合

① 指裴洛帕奈西战争，最后一年雅典城被斯巴达人围困而言。——译者

19 理了吗？然而，米利托斯，我这样地追求德行，你倒说我是败坏青年吗？我想我们一定懂得败坏青年是怎么一回事，你说一说你知道究竟有谁由于受到我的影响从虔诚变成邪恶、从自制变成放肆、从节俭变成浪费、从节酒变成狂饮、从爱劳动变成贪玩要或者变成贪图其他罪恶的享受呢？”

20 “但我确实知道，”米利托斯回答道，“你已经引诱了许多人服从你而不服从自己的父母。”

“在教育问题上，”苏格拉底回答道，“我承认这一点，因为人们都知道这是我关心的对象。在健康问题上，人们都宁愿听从医生而不听从父母；而且毫无疑问，所有的雅典人，在立法会议上，都是听从那些最明智的发言者而不是听从他们自己的亲戚，在选择将领的时候，你们难道不是选择那些最精通军事的人，而不是选择自己的父母、兄弟或者甚至自己本人吗？”

“苏格拉底”，米利托斯回答道，“这是因为这样做有好处，而且这也是一般的做法。”

21 “因此”，苏格拉底反问道，“在别的事上人们这样做，不仅受到一般的待遇，而且还受到极大的尊敬，而我，因为被有些人认为在对于人类有最大好处的教育方面很精通，反而被你们判处死刑，你难道不以为这是件奇怪的事吗？”

22 很显然，苏格拉底本人和那些为他申辩的朋友们所说的话要比我所记述的多得多，但我并不打算讲述他的全部受审经过，而是认为只指出这一点就够了；苏格拉底的用意只是要证明他所做的一切，既没有对神不虔敬，也没有对人不正义；他不但不想乞求免

23 死，反而认为自己现在死去，正是时候。他的这种想法，在他被判

刑以后,就越发清楚了。首先,当法官们吩咐他提出自己所认为的合适的刑罚时①,他不但自己不提,还不让他的朋友们代提。他说,提出这样的处刑就是承认自己有罪。后来,当他的同伴们想把他偷偷带出监牢时他也不肯跟他们走,反而似乎开玩笑地问他们是不是知道在亚底该以外,有什么死亡不会临到的地方。

当审问完结的时候苏格拉底说道:“诸位,那些教唆见证人作 24
假见证诬陷我的人和那些被他们说服而听从他们的话的人总会感觉到自己是多么不虔诚和不正义的;至于我,既然没有人能证明我犯了所指控的罪,我又怎能认为自己现在比我被判罪以前有什么不如呢?因为并没有人能指出我不向宙斯、赫拉以及他们一伙的神献祭而反倒向新神献祭,也没有人能指出我指着什么别的神起誓或提到什么别的神的名字。我一直是在劝导青年要坚忍不拔,

朴素节约,难道这能说是败坏青年吗?至于那些按法律规定应处 25
死刑的罪过——抢劫庙宇、挖墙偷盗、卖人为奴、背叛祖国,连那些控告我的人也没有说我犯过这些罪。因此,你们怎么能够竟然认
为我应被判处死刑。这是我大惑不解的。” 26

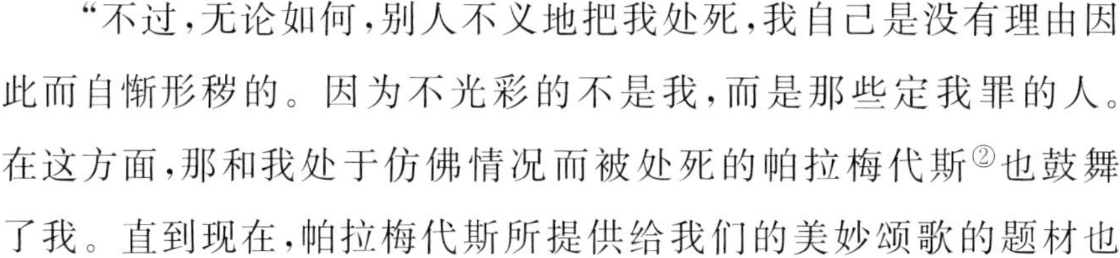

“不过,无论如何,别人不义地把我处死,我自己是没有理由因此而自惭形秽的。因为不光彩的不是我,而是那些定我罪的人。在这方面,那和我处于仿佛情况而被处死的帕拉梅代斯②也鼓舞了我。直到现在,帕拉梅代斯所提供给我们的美妙颂歌的题材也

① ὑποτιμάομαι,这是雅典的一个法律用语,按雅典法庭有一种惯例,罪犯在被判刑以后可以自己提出一种较轻的处罚来请求法官们考虑。——译者

② 帕拉梅代斯是古希腊特洛伊的一个战士,由于俄底修斯等人所捏造的叛国罪而被处死。——译者

不是比那不义地处死他的俄底修斯所提供的要多得多。我知道，未来的时候，将如在过去的时候一样，证明我从未损害过任何人或者使任何人变得坏些，与此相反，我总是使那些和我交谈的人得到好处，尽我所能地把好的事情白白地教给他们。”

27 苏格拉底讲了这些话以后就离开了，他的眼光、容貌和姿态，都表现出非常快乐的样子，和他所说的话完全符合一致。当他觉察出跟随他的人们在哭泣的时候，就问道：“这是怎么一回事呢？难道现在就哭起来了吗？你们岂不知道我从一生下来按本性老早就注定是要死的吗？的确，如果当百般福气正在倾注在我身上的时候而我突然死去，很显然这对于我自己和那些祝愿我幸福的人都是必然会带来痛苦的，但如果当难以忍受的祸患快要来到时而能了此一生，我以为这对于我既然是一件好事，你们大家也就应该高兴才是。”

28 这时在场的阿帕拉多拉斯是一个非常热爱苏格拉底的人，但在其他方面头脑却很简单，就说道：“可是，苏格拉底，看到他们这样不公正地把你处死，这是令我最难忍受的。”据说苏格拉底用手抚摸着他的头，同时微笑地问道：“亲爱的阿帕拉多拉斯，难道你希望看到我公正地而不是不公正地被处死吗？”

29 据说，当苏格拉底看到安奴托斯[①]走过时说道：“这是一个非常自负的人；我因看到城邦给予他一些很高的职位，曾对他说，‘不必再使你的儿子学做硝皮匠了’，就因为这个缘故，他竟以为如果把我处死，就是做了一件伟大而高尚的事情。”“看来这个恶棍并不

① 安奴托斯是苏格拉底受审时的三个原告人之一。——译者

知道，”苏格拉底接下去说道，“我们两人中谁做出了在永恒意义上
的更有益、更高尚的事情，谁才是真正的胜利者。”苏格拉底接下去 30
又说道，“荷马曾把预知未来的能力归之于那些快要死的人，我现
在也想预言一点未来的事情。我曾有一度和安奴托斯的儿子在一
起，看出他并不是一个缺乏精力的人。因此，我说他一定不会长久
把时光消磨在他父亲给他准备的那样卑屈的职业上。但因为没有
人认真照顾他的缘故，他就难免会染上某种可耻的嗜好而深深地
陷在罪恶之中。”

苏格拉底这话并没有说错。这个青年人酷爱喝酒，他无论白 31
天或黑夜总是在不停地饮酒，结果把自己弄得无论对城邦、对朋友或对自己都毫无价值。安奴托斯由于没有把自己的儿子教育好，同时也由于他的狂妄无耻，尽管自己已经死去，仍然留着恶名。

另一方面，由于苏格拉底在法庭上高抬自己，也招惹了法官们 32
对他的忌恨，并使他们越发想要定他的罪，但我以为，苏格拉底所
遭遇的，正是神所钟爱之人的命运：他避免了人生的最难忍受的部
分，而且他的死法，也是一种最容易的死法。他表现了英勇不屈的 33
精神；因为自从他认定了，对他来说，死比继续活下去更好以来，他
就一直坚定不移地面向着死亡迎上前去，即使是对别的美好的事
情也没有这样坚定，他从来没有对于死亡表示过任何软弱，而是极
其高兴地、耐心地等待着，终于献出了自己的生命。

当我考虑到这个人的智慧和高尚品格的时候，我就不能不想 34
念他，而在想念他的同时，更不能不赞扬他。如果在那些追求德行的人们中间有谁会遇到比苏格拉底更有益的人，我认为这个人就是最幸福的人了。

中希英译名对照表

A

B

D

E

F

G

H

J

K

L

M

N

尼克阿斯，Νικίας，Nicias 62
那欧西库兑斯，Ναυσικύσης，Nausicydes 75
尼各马希代斯，Νικομαχίδης，Nicomachides 93
尼凯拉特斯，Νικηρατος，Niceratus 62

O

欧罗巴，Εὐρώπη，Europe 44，100

P

帕拉西阿斯，Παρράσιος，Parrhasius 120
皮斯提阿斯，Πιστίας，Pistias 122
帕如克利托斯，Πολύκλειτος，Polycletus
普拉迪克斯，Πρόδικος，Prodicus 47
帕拉克鲁斯推斯，Προκρούστης，Procrustes 45
裴拉伊阿，Πειραια，Piraeus 74
裴洛帕奈西(即伯罗奔尼撒)，Πελοττόννησαος，Peloponnesus 99
帕拉梅代斯，Παλαμήδης，Palamedes 152，94
普骚(德尔非的原名)，Πυθώ，Pytho 191
皮西底人，Πισιδης，Pisidian 104

S

塞拉苏洛斯，Θράσυλλος，Thrasyllus 5
赛阿格尼斯，Θέογνις，Theognis 10
赛塔利阿，Θετταλία，Thessaly 11
索弗克雷斯，Σόφοκλης，Sophocles 27
琐克西斯，Ζεῦξις，Zeuxis 27
斯库泰人，Σκύθαι，Scythians 44，116
斯凯伦，Σχείρων，Sciron 45
斯库拉，Σχύλλα，Scylla 70
赛拉门尼斯，Θηραμένης，Theramene 76
赛比，Θ ῆβαι，Thebes 98
赛比人，θηβάιος，Thebens 98
斯特拉本，Στράβων，Strabo 98
色雷斯人，Θρ ᾳξ，Thracians 116
赛阿达泰，Θεοδάτη，Theodate 125
赛阿多拉斯，Θεόδωρος，Theodorus 143
撒拉米斯，Σαλαμίς，Salams 105
赛苏斯，Θησευς，Theseus 185
苏利阿，Θουρία，Thyrea 21
斯达第昂，στάδιον，stade（长度名，约合 606¾呎）31
赛米斯托克勒斯，θεμιστοκλ ῆς，Themistocles 67，105，140
苏格拉底，Σωκρατης，Socrates 全书各处

译　后　记

本书的翻译是从1963年开始的，1965年上半年译完，紧接着就是"文化大革命，"林彪、四人帮趁机阴谋篡党夺权，出版部门人员下放、事业停顿，十年动乱，几乎弄到不可收拾的地步。若不是林彪、四人帮被粉碎、党的优良传统得到恢复，国家一切活动重又走上正确轨道，这个小小译本很可能永远没有和读者见面的机会。

在翻译本书的过程中，除对照希腊原文外，还参考了 Johannes Irmscher 的德译本《Xenophon: Erinnerungen an Sokrates》以及 Sarah Fielding, E. C. Marchant 等人的英译本。这些译本中相关部分常常出现差异，显然这与这几位译者对于原文理解的出入有关，也有是由于他们所依据的原文版本不同而产生的歧异，对此，我在如何取舍上，都择要在脚注中加以说明。我这样做的意思是要向读者交代，原书有过不止一种的版本，或者虽是同一版本，原文有过这样那样的不同译法，借以开阔眼界，为进一步研究提供参考。

书中专名译音，凡约定俗成的，例如："柏拉图，"希腊原文为Πλάτων，字尾有 n 音，英文一般译为 Plato，但也有译为 Platon 的，我采用的中译名即作柏拉图，又如"苏格拉底，"希腊原文为

Σωκράτης,英文为 Socrates,保留了字尾的 s 音,中译名通为"苏格拉底"则把字尾的 s 音略去了,因这些中译名沿用已久,已成习惯,即不再更动。其他的译名,一律根据希腊原名,尽可能使其接近原音,连名字最后的 s 或 n 音一般也予以保留,其所以这样做,一方面是为了力求接近原音;另一方面也是为了从中译名反求希腊原名时可以提供一条线索。译者既无意标新立异,也不反对用稍为简略译法以免过于冗长,只要能行得开,为大家所接受就好。

按本书希腊文原名为"ΞΕΝΟΦΩΝΤΟΣ ΑΠΟΜΝΗΜΟΝΕΥΜΑΤΑ"译成中文就是"色诺芬的回忆录,"并未讲回忆的是什么事或什么人。因苏格拉底这个名字在希腊已家喻户晓,就像中国《论语》一书,虽然没有提到孔子的名字,但一般人都知道是记录孔子言行的书。我国一般称此书为《苏格拉底回忆录》,这个书名易误为是苏格拉底本人的回忆,所以,我现改译书名为"回忆苏格拉底。"作者色诺芬是苏格拉底的弟子,因此,也有把它译为《师门回忆录》的。

苏格拉底(公元前 469—前 399),希腊雅典人,据说父为雕刻师,母为助产士。有人说他是古希腊哲学家阿基老(Archelaus)的弟子,是阿那克萨哥拉(Anaxagoras)的再传弟子。早年对自然科学颇感兴趣,精通当时的量地学(即几何学)和天文学,后因立志研究人类道德改造问题,乃毅然放弃与人类行为没有直接关系的几何学及天文学,专以探索人生目的何在(何为善)以教导雅典青年为职志。他自己没有留下什么著述,我们所知道关于他的事迹都是得自他的学生们的著作,主要是色诺芬和柏拉图二人。色诺芬是个军人,柏拉图是个思想家,虽然两人都出身贵族奴隶主家庭,但他们的秉赋不同，爱好各异，而苏格拉底是个多方面的天才，因而两个人笔下所描绘的苏格拉底也颇不相同，其实不过是两个人继承并强调了老师教诲的不同方面而已。

苏格拉底、柏拉图、亚里士多德号称希腊三杰，三杰之中以苏格拉底为首，其思想对西方世界文明影响极大。就连柏拉图和亚里士多德的成就也不能不说有一部分应归功于苏格拉底。他教导人要“认识自己，”又说，“我只知道我一无所知，”为了坚持自己的原则和信念，甘愿以身殉道（原则、信念），而不愿苟且偷生，所有这些应该说都是他的伟大处。但是，苏格拉底作为生活于一定历史条件和环境中的个人是有其局限性的，他的天文学知识距近代相差甚远，他过分强调了知的重要性而忽略了意志的作用（这一点后来他的学生柏拉图曾试图加以纠正）以及他的多神论思想都是他受历史条件局限的证明。我们研究苏格拉底，贵在批判地继承，撷取其精华，抛弃其糟粕，使古为今用，洋为中用。也许有人会说，苏格拉底是唯心主义哲学家，我们是唯物主义者，有什么好继承的呢？对于这种见解，笔者不敢赞同。黑格尔是人所共知的德国客观唯心主义者，马克思批判地吸取了他的辩证法中的“合理内核，”加以革命的改造，大大丰富了马克思主义哲学的内容，这一点谁又能否认呢？研究一点苏格拉底的思想，批判地继承这份文化遗产，我想肯定也会有一定好处的。

大卫·施特劳斯认为，“我们对于耶稣历史的知识是不完全的，也是不确定的，”而“苏格拉底的形象则要清晰明确得多，尽管他比耶稣还要早四百年”（《耶稣传》德文原著 382—383 页）。但是，和他的意见正相反，以为苏格拉底的事迹充满神话传说的也大

有人在,例如,美国圣母大学法学教授安登-赫尔曼·克鲁斯特(Anton Hermann Chroust)就写过一本叫做《苏格拉底,人和神话》(*Socrates, Man and Myth*)的书,提出了不少他认为是神话而非史实的问题。这就为我们提出了一个对于离我们时代久远,由于文献不足或互相矛盾而弄不大清楚的历史人物,究竟应采取什么态度的问题。这也是一个值得进一步深入探索的领域。

本书中的章节分段以及每章前的提纲都非原著所有,而是后人所加,一并译出是为了读者的方便。

由于译者学识浅陋,对苏格拉底很少研究,译文舛谬之处在所不免,敬祈读者指正。

译　者

1981.11.12

图书在版编目(CIP)数据

回忆苏格拉底/(古希腊)色诺芬著;吴永泉译.—北京:商务印书馆,2017
(汉译世界学术名著丛书:120年纪念版:珍藏本)
ISBN 978-7-100-14638-8

Ⅰ.①回… Ⅱ.①色… ②吴… Ⅲ.①苏格拉底(Socrates前469-前399)—思想评论 Ⅳ.①B502.231

中国版本图书馆CIP数据核字(2017)第153244号

汉译世界学术名著丛书
(120年纪念版·珍藏本)
回忆苏格拉底
〔古希腊〕色诺芬 著
吴永泉 译

商务印书馆出版
(北京王府井大街36号 邮政编码100710)
商务印书馆发行
北京冠中印刷厂印刷
ISBN 978-7-100-14638-8

2017年12月第1版 开本710×1000 1/16
2017年12月北京第1次印刷 印张13¼
定价:66.00元